Studio 2

VERT

Clive Bell and Anneli McLachlan

www.pearsonschools.co.uk

✓ Free online support
✓ Useful weblinks
✓ 24 hour online ordering

0845 630 33 33

Heinemann

Part of Pearson

Heinemann is an imprint of Pearson Education Limited, a company incorporated in England and Wales, having its registered office at Edinburgh Gate, Harlow, Essex, CM20 2JE. Registered company number: 872828

www.pearsonschoolsandfecolleges.co.uk

Heinemann is a registered trademark of Pearson Education Limited

Text © Pearson Education Limited 2011

Edited by Melanie Birdsall
Designed by Emily Hunter-Higgins
Typeset by Kamae Design
Original illustrations © Pearson Education Limited 2011
Illustrated by KJA Artists (Caron) and Paul Hunter-Higgins
Cover design by Emily Hunter-Higgins
Front cover and audio CD cover photos © **Cover images:** *Front:* **Corbis:** Terra; **Getty Images:** Eloy Ricárdez Luna; **Pearson Education Ltd:** Sophie Bluy; **Shutterstock.com:** Alexander Mul, Andrey Khrolenok, Gualtiero Boffi, M.M.G.

Audio recorded by Footstep Productions Ltd (Colette Thomson and Andy Garratt; voice artists: Arthur Boulanger, Lisa Bourgeois, Felix Callens, Juliet Dante, Kathinka Lahaut, Mathew Robathan, Tunga-Jerome Sen, Charlotte Six).
Songs composed and produced by *www.tomdickanddebbie.co.uk* (singers: Framboise Gommendy, Christian Marsac, Mathew Robathan, Melody Sanderson).

First published 2011

15 14 13 12 11
10 9 8 7 6 5 4 3 2 1

British Library Cataloguing in Publication Data
A catalogue record for this book is available from the British Library.

ISBN 978 0 435 02693 6

Printed in Malaysia, CTP-KHL

Acknowledgements
The authors and publisher would like to thank the following people for their invaluable help in the development and trialling of this course: Melanie Birdsall; Florence Bonneau; Karima Boualia; Anne French; Stuart Glover and pupils at Beaufort Community School in Gloucester; Rosie Green and pupils at Highcrest Community School in High Wycombe; Michel Groulard; Alex Harvey; Theodore Harvey; Howard Horsfall and pupils at Dronfield Henry Fanshawe School in Dronfield; Deborah Manning; Servane Jacob; Helen Ryder; Oumou Sow; Fabienne Tartarin and Sabine Tartarin.

The authors and publisher would like to thank the following individuals and organisations for permission to reproduce copyright material in this book:

Les Éditions Albert René / Goscinny-Uderzo p.6; Révélation, French translation: Stephenie Meyer © Hachette Livre 2008, Cover: Conception graphique: Gail Doobinin, Cover photography: Roger Hagadone p.6; planetoscope www.planetoscope.com pp.6, 7; M6 p.7; TF1 p.7; Arte p.7; Canal + p.7; France 2 p.7; France 3 p.7; Relaxnews p.7; Bilbo le hobbit, Hachette Livre, Illustration: Rosinski, © 2006 p.20; www.catacombes.paris.fr p.33; © Musée de la Magie p.40; France5 2009, Nadia Graradji p.87.

The authors and publisher would like to thank the following individuals and organisations for permission to reproduce photographs:

(Key: b-bottom; c-centre; l-left; r-right; t-top)

Alamy Images: Alex Segre 67t, Andia 60c, Art Directors & TRIP 50 (h), B.O'Kane 28 (g), dbimages 80c, Mike Dobel 36/5, Interfoto 106l, keith morris 86tr, Kuttig - People 16 (a), 30c/5, Lana Sundman 69cl, Leonid Nyshko 54 (f), Norma Joseph 66cr, Paris Street 30c/4, PCL 28 (f), Red Cover 70 (f), 70 (h), Robert Fried 30b/1, Robert Harding Picture Library Ltd 80t, Roger Hutchings 28 (c), Eitan Simanor 80b, The Art Gallery Collection 106b; **Bridgeman Art Library Ltd:** 27t, 29/5, 112 (a); **Corbis:** M. Neugebauer 30t/4, Robert Harding World Imagery 34 (e); **FotoLibra:** Keith Erskine 66c; **Getty Images:** AFP / Getty Images 36/1, AFP 60l, 86bl, 47cl, 36c/2, Bertrand Langlois 27l, Bongarts 47cr, Vittorio Zunino Celotto 7tl, Dominique Charriau 100, Pascal Guyot 8 (a), Pascal Le Segretain 87tl, National Geographic / David Evans 109b, Photodisc 16 (f), 16 (g), 26b, 28 (d), 28 (h), 29/1, 29/2, 29/3, 34 (a), 34 (b), 34 (f), 57br, Punchstock / PhotoAlto Agency RF 30c/3, Astrid Stawiarz 8 (e), Yoshikazu Tsuno 26r; **Ronald Grant Archive:** Asian Union Film and Entertainment 10/6, Dimension Films 10/4, Dreamworks SKG 10/3, Gaumont 10/5, Universal Pictures 10/1, Warner Bros 10/7 (tbc), Warner Bros & J K Rowling 69t; **iStockphoto:** Dan Barnes 87c, Boris Katsman 66b, btrenkel 28, Chris Schmidt 16 (b), 30t/1, Daniel Bobrowsky 30c/2, David Lentz 30t/5, Erics photography 9t, essxboy 117t, Fabio Cecconello 54 (b), Galina Barskaya 30t/3, Ella Hanochi 73/2, Shane Hansen 86cl, Eileen Hart 9c, Mark Hatfield 87bc, Jitalia17 54 (c), MicroWorks 26t, Brian Pamphilon 53, Johan Ramberg 107t, Carlos Santa Maria 87br, Jordan Shaw 57bl, Stockphoto4u 119, teewara soontorn 54 (i), Martin Turzak 73/4, Gert Very 86c; **Jay Travel Photos:** Photographer's Direct 41; **Kobal Collection Ltd:** 20th Century Fox 10/8, ABC-TV 8 (d), DREAMWORKS LLC 20l, 69cr, Fox TV / Baer, Carin 116/6, Walt Disney Pictures 116/5, Walt Disney Pictures / Walden Media 10/2; **Pearson Education Ltd:** Sophie Bluy 7b, 16 (d), 36/4, 36l, 47bl, 50 (g), 57, 67c, 70 (a), 70 (b), 70 (c), 70 (d), 70 (e), 70 (g), 72, 74 (a), 74 (b), 74 (c), 74 (d), 89/1, 89/2, 89/3, 89/4, 89/6, 89/7, 90, 91l, 91r, 92, 96/1, 96/2, 96/3, 96/4, 96/5, 96/6, 117c, 123b, Jules Selmes 36/3,15t, 16 (c), 50 (e), MindStudio 50 (f), Sophie Bluy 121, Tudor Photogrpahy 111r, Calliste Lelliott 111l; **Photolibrary.com:** Walter Bibikow 28 (b), 36/6, Bruce Bi 34 (h), 116b, Non Stock 87bl, Radius Images 47br, Red Cover 70 (i); **Photoshot Holdings Limited:** MaxPPP 8 (b), 30b/2; **Press Association Images:** BAS CZERWINSKI / AP 47tc; **Reuters:** Charles Platiau 47tl, Eric Gaillard 67b, 76, Eric Gaillard 67b, 76, Gonzalo Fuentes 36r/2, Joe Mitchell 47c, Mal Langsdon 27r, Pascal Rossignol 27c; **Rex Features:** c.20thC.Fox / Everett 20t, c.W.Disney / Everett 50 (a), Canadian Press 69br, Adi Crollalanza 28 (e), Theo Kingma 7tr, Maz Mckenzie 116/4, Most Wanted 116/2, Nbcu Photobank 115, Nils Jorgensen 116/1, Elma Okic 87tc, Karl Schoendorfer 26l, 34 (g), Norman Scott 52, Sipa Press 7tc, 8 (c), 33, 86br, 101, 116/3, Ray Tang 57cl, USPS 69l; **Shutterstock.com:** Alexander Kalina 54 (d), Angels at Work 28 (a), auremar 99, AVAVA 50 (b), Darren Baker 8 (f), Beth Van Trees 68cl, Brian Chase 86cr, dgmata 87cr, DimasEKB 34 (d), Elena Elisseeva 30c/1, 56, 68 (b), 68 (f), Gemenacom 54 (a), GurganusImages 123cr, Igor Plotnikov 68 (a), jackhollingsworthcom, LLC 68tr, Jamie Robinson 68 (e), Julia Zakharova 68tl, Alexander Kalina 54 (e), Kitch Bain 73/1, lush 73/5, Mags Ascough 86tl, Mario Savoia 34 (c), Ilja Mašík 57cr, Mehmet Dilsiz 16 (e), Mike Flippo 50 (d), Monkey Business Images 68tc,123t, Paul Clarke 68 (d), Pinkcandy 68c, Rafa Irusta 73/3, Rick Becker-Leckrone 68cr, Rubens Alarcon 9b, Sean D 6t, Fedor Selivanov 66t, shyshak roman 73/6, Simone Voigt 60r, Stephen Mcsweeny 54 (h), Supri Suharjoto 50 (c), SweetHeart 109c, swinner 16 (h), Timmary 107b, Tissiana Bowman 30t/2, Trombax 73, Ulrich Willmünder 15b, Vaclav Volrab 68 (c), vovan 54 (g), Gautier Willaume 66cl, WilleeCole 123cl; **Thinkstock:** 54 (j); **Wikimedia Commons:** M G Scott 106r; **www.imagesource.com:** 29/4

Every effort has been made to contact copyright holders of material reproduced in this book. Any omissions will be rectified in subsequent printings if notice is given to the publishers.

Websites
Pearson Education Limited is not responsible for the content of any external internet sites. It is essential for tutors to preview each website before using it in class so as to ensure that the URL is still accurate, relevant and appropriate. We suggest that tutors bookmark useful websites and consider enabling students to access them through the school/college intranet.

Tableau des contenus

Module 3 Mon identité 46

Module 4 Chez moi, chez toi 66

If you spend 2 hours 30 minutes per day playing video games, like the average young person in France, you will be spending 35 whole days per year on your hobby. More than a whole month!

www.asterix.com   ©2010 LES ÉDITIONS ALBERT RENÉ/GOSCINNY-UDERZO

Astérix is 50 years old and still France's favourite cartoon character!
The *BD* (*bande dessinée*) is a huge phenomenon in France. Old and young people read these comic books and there are shops and museums devoted to them. What's your favourite comic book?

Eight new books are published every hour in France. The average French person spends 38 minutes a day reading a book. Young French-speaking people devour the *Twilight* series and the *Harry Potter* books just like you! How many minutes do you spend reading each day?

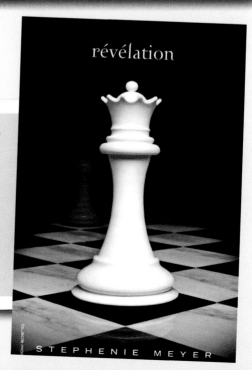

Two of these French actors have appeared in James Bond films. Do you know who they are? Can you name any other French actors?

How many computers do you have in your house? 82% of young French people between the ages of 12 and 14 own a computer and access the internet every day. Do you think the figures are higher or lower in Britain?

There are six main television channels in France. Young people also watch digital, cable and satellite TV. American soaps are as popular in France as they are in the UK. Can you work out which programmes these are?

Des Jours et des Vies

FBI: Portés disparus   Les Experts: Miami

32% of French people listen to the radio in the bathroom so they can sing along!

1 Écoute et écris la bonne lettre. (1–6)

Listen and write the correct letter.

Qu'est-ce que tu regardes à la télé?

Je regarde ...

a les émissions de sport

b les émissions de télé-réalité

c les infos

d les séries

e les jeux télévisés

f les documentaires

2 Écoute et note les opinions. (1–6)

Listen and note the opinions.

Exemple: **1** a, d

Est-ce que tu aimes les séries?

a Oui, j'aime ça.

b C'est génial.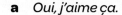

c C'est intéressant.

d C'est amusant.

e Non, je n'aime pas ça.

f C'est ennuyeux.

g C'est nul.

h C'est barbant.

Studio Grammaire → Page 22

Many verbs end in **–er** in a word list or dictionary.

*regard**er*** to watch

You need to change the **–er** verb endings:
je regard**e** I watch
tu regard**es** you watch
il/elle regard**e** he/she watches

Studio Grammaire → Page 23

ne ... pas = not

It forms a sandwich around the verb.

je **n'**aime **pas**
je **ne** regarde **pas**

 3 **Lis les textes. Réponds aux questions en anglais.**

Read the texts. Answer the questions in English.

Pauline

Je regarde les séries américaines. J'aime ça, c'est génial! J'aime surtout les séries policières. Je ne regarde pas les documentaires. Je n'aime pas ça. C'est ennuyeux.

Océane

Moi, je regarde les émissions de télé-réalité. J'adore ça, c'est amusant. J'aime les jeux télévisés, mais je ne regarde pas les émissions de sport. Je déteste ça, c'est barbant.

Ryan

Moi, je regarde les documentaires à la télé et j'aime aussi les infos parce que c'est intéressant, mais je ne regarde pas les jeux télévisés comme *Qui veut gagner des millions?* Je n'aime pas ça. C'est nul.

Who …

1 watches reality TV?
2 likes crime series?
3 likes the news?
4 doesn't watch sports programmes?
5 doesn't watch game shows?
6 doesn't watch documentaries?

les séries américaines	American series
les séries policières	police series
surtout	above all
comme	like

Studio Grammaire

Qu'est-ce que tu regardes à la télé?	**What** do you watch on TV?
Est-ce que tu aimes …?	**Do** you like …?

 4 **En tandem. Fais deux dialogues. Utilise les images.**

In pairs. Make two dialogues. Use the pictures.

A ● *Qu'est-ce que tu regardes à la télé?*
■ *Je regarde*

● *Est-ce que tu aimes* ?

■

B ● *Qu'est-ce que tu regardes à la télé?*
■ *Je regarde*

● *Est-ce que tu aimes* ?

■

 5 **Fais un sondage en classe. Pose les questions à cinq personnes.**

Do a survey in class. Ask five people the questions.

a Qu'est-ce que tu regardes à la télé?
b Qu'est-ce que tu ne regardes pas?
c Est-ce que tu aimes les émissions de télé-réalité?

prénom	a	b	c
Sophie	les séries	les infos	🙂 génial

 6 **Décris tes préférences. Change les phrases soulignées.**

Describe what you like. Change the parts which are underlined.

Je regarde <u>les séries</u>
et je regarde aussi <u>les documentaires.</u>
J'aime ça, c'est <u>génial.</u>
Mais je ne regarde pas les <u>jeux télévisés.</u>
Je n'aime pas ça, c'est <u>barbant.</u>

J'ai une passion pour le cinéma

Talking about films

Using j'aime, j'adore and je déteste

① **C'est quel film?**

Which film is it?

a	les films fantastiques
b	les films d'arts martiaux
c	les films de science-fiction
d	les films d'horreur
e	les films d'action
f	les dessins animés
g	les westerns
h	les comédies

② **Écoute et vérifie. (1–8)**

Listen and check.

> Make sure you move your mouth and make each syllable count when you are speaking.
>
> In French, all syllables are stressed equally.
>
> **fan-tas-tiques**
> **co-mé-dies**

③ **C'est quel genre de film? Écoute et note la bonne lettre pour chaque conversation. (1–8)**

What type of film is it? Listen and note the correct letter for each conversation.

Exemple: **1** b

> Qu'est-ce que tu aimes comme films?

> J'aime ...

④ **Écris les phrases.**

Write the sentences.

Exemple: **1** J'adore les comédies et j'aime aussi les films d'action, mais je déteste les films d'arts martiaux.

1 J'adore et j'aime aussi , mais je déteste .

2 J'adore et j'aime aussi , mais je déteste .

3 J'adore et j'aime aussi , mais je déteste .

4 J'adore et j'aime aussi , mais je déteste .

 *j'adore*
I love

j'aime
I like

je déteste
I hate

Écoute et lis la conversation.

Listen and read the conversation.

● *Qu'est-ce que tu aimes comme films?*

■ *J'aime les <u>films fantastiques</u>.*
Mais je n'aime pas les <u>films de science-fiction</u>. Je déteste ça.

● *Quel est ton film préféré?*

■ *Mon film préféré, c'est <u>Avatar</u>. C'est cool.*

● *Qui est ton acteur préféré?*

■ *Mon acteur préféré, c'est <u>Sam Worthington</u> parce qu'il est intelligent.*

Studio Grammaire **≫** *Page 62*

Most adjectives have a different feminine form.

Sam Worthington est intelligent.
Keira Knightley est intelligente.

masculine	feminine
intelligent	*intelligent**e***
amusant	*amusant**e***
beau	***belle***

En tandem. Fais la conversation de l'exercice 5. Change les mots soulignés.

In pairs. Practise the conversation from exercise 5. Change the details which are underlined.

Lis les textes. Écris le bon prénom.

Read the texts. Write the correct name.

J'adore les films fantastiques et j'aime aussi les films d'horreur, mais je déteste les films d'action et les films d'arts martiaux. Mon film préféré s'appelle *Alice au pays des merveilles*. C'est fabuleux. **Élisa**

Moi, j'adore les comédies et j'aime aussi les dessins animés, mais je déteste les westerns et les films de science-fiction. Mon actrice préférée, c'est Cameron Diaz parce qu'elle est belle. Es-tu fan de Cameron Diaz? **Manu**

Moi, je suis fan de films d'arts martiaux et de films d'action, mais je n'aime pas les films d'horreur. Je déteste ça, c'est ennuyeux. ☹ Mon film préféré s'appelle *Opération dragon*. C'est génial. **Tiki**

Who ...

1 hates science fiction films?

2 doesn't like horror films?

3 loves comedies?

4 hates martial arts films?

5 is a fan of action films?

6 likes horror films?

parce que because

Studio Grammaire **≫** *Page 23*

The verb *être* (to be) is irregular.

je suis	I am
tu es	you are
il/elle est	he/she is

Prépare un exposé.

Prepare a presentation.

• Say what type of films you like.   *J'adore ... et j'aime aussi ...*

• Say what type of films you don't like.   *Je n'aime pas les ...*

• Say what your favourite film is.   *Mon film préféré, c'est ...*

• Say who your favourite actor/actress is, giving reasons.   *Mon acteur préféré, c'est ... parce qu'il est intelligent.*
Mon actrice préférée, c'est ... parce qu'elle est belle.

Make your answer as interesting as you can.

• Use intensifiers: ***assez***   quite
   très   very

• Use connectives: ***et***   and
   aussi   also
   mais   but

Give reasons for your opinions using ***parce que***.

1 **C'est quel livre?**

Which book is it?

Exemple: **1** e

a un magazine sur les célébrités
b un livre sur les animaux
c un livre d'épouvante
d un roman fantastique
e un roman policier
f une BD

1

2

3

4

5

6

2 **Écoute et vérifie tes réponses. (1–6)**

Listen and check your answers.

Qu'est-ce que tu lis, en ce moment?

| je lis | I read |
| tu lis | you read |

Je lis …

Studio Grammaire

Learn whether words are masculine or feminine.

	a/some	the
masculine singular	*un*	*le*
feminine singular	*une*	*la*
plural	*des*	*les*

Before a vowel or silent h, *le* and *la* become *l'*.

l'église   *l'hôtel*

3 **Copie le tableau et classe les opinions. Regarde la section *Vocabulaire* si nécessaire.**

Copy the grid and categorise the opinions. Use the Vocabulaire section if necessary.

À mon avis, c'est …

🙂	🙁	**English**
amusant		funny

assez bien   nul

passionnant   amusant

intéressant   ennuyeux

4 **Écoute et écris le genre de livre et l'opinion. (1–6)**

Listen and write the type of book and the opinion.

	type of book	opinion
1	book about animals	interesting

5 **En tandem. Fais deux dialogues. Utilise les images.**

In pairs. Make two dialogues. Use the pictures.

A ● Qu'est-ce que tu lis, en ce moment?
■ Je lis … .
● C'est bien?
■ À mon avis, c'est .

B ● Qu'est-ce que tu lis, en ce moment?
■ Je lis … .
● C'est bien?
■ À mon avis, c'est .

6 **Lis le texte et choisis la bonne réponse.**

Read the text and choose the correct answer.

Charlie et la chocolaterie, par Roald Dahl (mon auteur préféré!)

★★★★★

J'ai beaucoup de livres, mais *Charlie et la chocolaterie* est mon livre préféré. C'est un roman fantastique. J'ai une passion pour les romans fantastiques. Charlie a treize ans. Il est petit et très pauvre. Il habite avec ses parents. Charlie a un billet d'or pour visiter la chocolaterie de Willy Wonka. Si Charlie gagne le concours, son prix, c'est la chocolaterie!

Dans le livre, il y a Violette qui mâche toujours du chewing-gum et Augustus qui adore le chocolat. Il y a aussi Véruca. Elle est très riche, mais elle n'est pas gentille.

J'adore *Charlie et la chocolaterie* parce que c'est amusant.

Amandine

Studio Grammaire » Page 23

avoir (to have)
j'ai	I have
tu as	you have
il/elle a	he/she has

pauvre	poor
un billet d'or	a golden ticket
il y a	there is/there are
qui	who

Studio Grammaire » Page 62

Most adjectives have a different feminine form.

masculine	feminine
petit	*petit**e***
gentil	*gentil**le***
beau	***belle***
amusant	*amusant**e***

1 Amandine a beaucoup de CD/livres.
2 Charlie a douze/treize ans.
3 Il est grand/petit et très pauvre.
4 Il habite avec ses parents/amis.
5 Si Charlie gagne le concours, il gagne la chocolaterie/loterie.
6 Augustus adore le chewing-gum/chocolat.

7 **En tandem. Fais le quiz.**

In pairs, do the quiz.

1 Tu as beaucoup de livres à la maison?
  a Oui, j'ai beaucoup de livres à la maison.
  b Non, je n'ai pas beaucoup de livres à la maison.

2 Tu es fan de magazines?
  a Oui, je suis fan de magazines sur les célébrités.
  b Oui, je suis fan de magazines sur les jeux vidéo.
  c Non, je ne lis pas de magazines.

3 Qui est ton auteur préféré?
  a Mon auteur préféré, c'est J.K. Rowling.
  b Mon auteur préféré, c'est Rick Riordan.
  c Je n'ai pas d'auteur préféré.

4 Pourquoi lis-tu?
  a Je lis parce que c'est amusant.
  b Je lis parce que c'est intéressant.
  c Je ne lis pas. C'est ennuyeux!

pourquoi	why

8 **Qu'est-ce que tu lis? Utilise le texte comme modèle.**

What do you read? Use the text as a model.

En ce moment, je lis <u>une BD</u>.
À mon avis, c'est assez bien. J'adore les <u>BD</u>.
J'aime aussi les <u>livres fantastiques</u>.
J'aime les livres de <u>Stephenie Meyer</u>, par exemple, mais je n'aime pas les <u>romans policiers</u>. Je déteste ça. À mon avis, c'est <u>ennuyeux</u>.

Que fais-tu quand tu es connecté(e)?

Talking about the internet

Using the verb faire

 1 Écoute et écris la bonne lettre. (1–6)

Listen and write the correct letter.

 Que fais-tu quand tu es connecté(e)?

 Je fais beaucoup de choses …

a Je fais des achats.

b Je fais des recherches pour mes devoirs.

c Je fais des quiz.

d  Je lis des blogs.

e J'envoie des e-mails.

f Je joue à des jeux en ligne.

 When you are using cognates like 'internet' and 'blog', try not to say these in your English voice but to make yourself sound French. Listen carefully to how French speakers pronounce these words and try to imitate them.

Studio Grammaire Page 23

faire (to do/make)	
je fais	I do/make
tu fais	you do/make
il/elle fait	he/she does/makes

 2 Écris correctement les mots en désordre. Trouve le sens en anglais.

Write the jumbled words correctly. Find the English meaning.

1 id'taubdeh
2 veunots
3 tsuo sel ssroi
4 qouieslfqeu
5 uen fosi rap maisene

a sometimes
b every evening
c once a week
d usually
e often

 3 Écoute. Copie et remplis le tableau. (1–6)

Listen. Copy and fill in the grid.

	fréquence	activité	opinion
1	c	k	l

a d'habitude
b souvent
c tous les soirs
d quelquefois
e une fois par semaine

f Je fais des achats.
g Je fais des recherches pour mes devoirs.
h Je fais des quiz.
i Je lis des blogs.
j J'envoie des e-mails.
k Je joue à des jeux en ligne.

Je trouve ça …

l chouette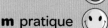
m pratique
n stupide
o barbant

pratique	practical
barbant	boring

4 **En tandem. Fais trois dialogues. Utilise les images.**

In pairs. Make three dialogues. Use the pictures.

A ● *Que fais-tu quand tu es connecté(e)?*

■ *Quelquefois,*

Et souvent,

Je trouve ça 👍👍

B ● *Que fais-tu quand tu es connecté(e)?*

■ *Quelquefois,*

Une fois par semaine,

Je trouve ça 👍👍

C ● *Que fais-tu quand tu es connecté(e)?*

■ *Quelquefois,*

Une fois par semaine,

Je trouve ça 👎

5 **Lis le texte. Corrige les erreurs dans les phrases en anglais.**

Read the text. Correct the mistakes in the English sentences.

> **il partage**   he shares

Les jeunes internautes français

82% des jeunes Français se connectent à Internet tous les jours.
Le jeune internaute typique fait beaucoup de choses:

- Il envoie des e-mails.
- Il lit des blogs et il poste des commentaires.
- Il partage des photos et de la musique.
- Il fait des recherches pour ses devoirs.
- Il préfère les sites qui parlent de cinéma, de sport ou de culture.
- Quelquefois, il fait des achats en ligne.
- Il joue à des jeux ou il fait des quiz.

> internaute *n.m.*
> = personne qui
> surfe sur Internet

1 82% of young French people connect to the internet once a week.

2 A typical young surfer sends emails, writes a blog and posts comments.

3 He/She does research for his/her family.

4 He/She prefers sites which talk about cinema, pets or culture.

5 Sometimes he/she sells things on the internet.

6 He/She plays games or does surveys.

6 **Copie et complète le texte avec les bons verbes.**

Copy and complete the text with the right verbs.

Quand je suis connectée, je **①** ▢ beaucoup de choses. Souvent, je fais des recherches pour mes devoirs. Je **②** ▢ ça chouette. Quelquefois, je fais des achats en ligne. Je trouve ça très pratique. J' **③** ▢ ça. Une fois par semaine, je **④** ▢ à des jeux ou je fais des quiz parce que je trouve ça intéressant. À mon avis, je **⑤** ▢ une internaute typique.

adore   suis

trouve   joue

fais

Quand il fait beau, on va au parc

- *Talking about what you do in different weather*
- *Using* on

1 Écoute et note les activités. (1–4)

Listen and note the activities.

Exemple: **1** c, ...

Qu'est-ce qu'on fait quand il ...?

Studio Grammaire

>> Page 23

on means 'we'. The verb form is the same as for *il* and *elle*.

on fait/on regarde/on va   we do/we watch/we go

1 Quand il fait chaud, ...

2 Quand il fait froid, ...

3 Quand il fait beau, ...

4 Quand il pleut, ...

a on va au cinéma

b on va au centre de loisirs

c on va au café

d on va au parc

e on regarde des DVD

f on fait du bowling

g on fait du skate

h on fait du VTT

2 En tandem. Dis les phrases à tour de rôle.

In pairs. Take turns to say the sentences.

Exemple: Quand il pleut, on va au cinéma.

1

2

3

4

5

6

Comment on your partner's efforts. For each sentence give him/her a mark out of 4: 2 marks for pronunciation and 2 for effort. Make a comment:

Super!   **Pas mal!**

Bravo!   **Fais un effort!**

Little words matter. Make sure you are using the right ones.

On fait <u>du</u> skate.   We go skateboarding.

On va <u>au</u> parc.   We go to the park.

Studio Grammaire

>> Page 23

aller (to go)

je vais	I go
tu vas	you go
il/elle va	he/she goes
on va	we go

Quelles activités sont mentionnées? Écoute et écris les six bonnes lettres.

Which activities are mentioned? Listen and write the six correct letters.

a   b   c   d   e   f   g   h

Lis les textes. Écris le bon prénom.

Read the texts. Write the correct name.

Quand il pleut, normalement, je regarde la télé avec mes copines. Quelquefois, on regarde des DVD. J'aime les comédies et les dessins animés. Mon film préféré, c'est *La Panthère rose* parce que c'est très amusant.

Quand il fait beau, je fais du VTT avec mon frère ou je fais du skate. C'est génial.

Élodie

Quand il pleut, je vais au centre de loisirs et je joue au basket ou au volley. C'est cool. J'aime bien ça. Tu vas souvent au centre de loisirs?

Quand il fait chaud, je joue au football dans le parc avec mes copains. J'adore ça parce que je suis très sportif. Le football, c'est ma passion.

Nathan

Quand il fait froid, on va au café et on joue au babyfoot. C'est génial, j'adore ça. Tu connais le babyfoot?

Quand il fait chaud, on va au parc et on joue au volley ou au basket. Moi, je ne joue pas bien, mais j'aime ça quand même.

Tony

1   2  3

4   5   6

Écoute et chante la chanson.

Listen and sing the song.

Quand il pleut, on regarde des DVD.
Nous, on aime bien les dessins animés.

Quand il fait beau, on fait du VTT
Ou bien, on fait du skate, surtout en été.

Quand je regarde la télé, je préfère les jeux télévisés,
Mais je regarde aussi les infos.
(Bravo!)

Quand je suis connectée, je fais des recherches sur les célébrités
Et je poste des photos sur ma page perso.

Je tchatte souvent sur MSN.
Je télécharge des chansons, des chansons par douzaine.
J'adore faire les choses en ligne.
Mon petit ordi, c'est toute ma vie.
Être connectée, c'est vraiment mon truc préféré.

surtout	*above all, especially*
par douzaine	*by the dozen*

Trouve dans la chanson l'équivalent des expressions en anglais.

Find the equivalent of the English expressions in the song.

1 we like cartoons
2 especially in the summer
3 but I also watch

4 when I'm online
5 I download songs
6 it's really my favourite thing

Écris une version de la chanson pour ta bande de copains.

Write a version of the song for your own group of friends.

Unité 1

I can

- ● say which TV programmes I watch: *Je regarde les émissions de sport.*
- ● give opinions: *C'est génial. C'est barbant.*
- ☐ use different subject pronouns: *Est-ce que tu aimes les séries? Oui, j'adore ça.*
  Il regarde les séries. Elle regarde les infos.
- ☐ use *ne ... pas*: *Je ne regarde pas les infos. Je n'aime pas ça.*

Unité 2

I can

- ● talk about different types of film: *J'adore les comédies. Je déteste les films d'action.*
- ● say what my favourite film is: *Mon film préféré, c'est Avatar.*
- ☐ use connectives: *J'adore les comédies et j'aime aussi les films d'action, mais je déteste les films fantastiques.*
- ☐ use the verb *être* in the present tense: *je suis, tu es, il est*

Unité 3

I can

- ● talk about different types of book: *Je lis une bande dessinée.*
- ● give my opinion: *À mon avis, c'est amusant.*
- ☐ use the verb *avoir* in the present tense: *j'ai, tu as, il a*
- ☐ use masculine and feminine adjectives: *il est gentil, elle est gentille*

Unité 4

I can

- ● talk about what I do on the internet: *J'envoie des e-mails.*
- ● use expressions of frequency: *Quelquefois, je fais des achats.*
- ● give opinions: *Je trouve ça pratique.*
- ☐ use *parce que* to make sentences longer: *Je fais des quiz parce que je trouve ça chouette.*
- ☐ use the verb *faire* in the present tense: *je fais, tu fais, il fait*

Unité 5

I can

- ● talk about what I do with my friends: *On regarde des DVD.*
- ● say what we do in different weather: *Quand il fait chaud, on va en ville.*
- ☐ use the verb *aller* in the present tense: *je vais, tu vas, il va*
- ☐ use the pronoun *on*: *on fait du bowling, on va au cinéma*

 Écoute. Copie et remplis le tableau. (1–3)

Listen. Copy and fill in the grid.

1 Laura **2** Hakim **3** Johnny

	watches	likes	doesn't watch	doesn't like
1 Laura	cartoons			

 En tandem. Fais des conversations. Utilise les images.

In pairs. Make conversations. Use the pictures.

A ● *Que fais-tu quand tu es connecté(e)?*
  ■ *Tous les soirs,*

  ■ *Une fois par semaine,*

  ● *Qu'est-ce que tu lis, en ce moment?*
  ■ *Je lis*

  ■ *À mon avis,* .

B ● *Que fais-tu quand tu es connecté(e)?*
  ■ *Tous les soirs,*

  ■ *Quelquefois,*

  ● *Qu'est-ce que tu lis, en ce moment?*
  ■ *Je lis*

  ■ *À mon avis,* .

 Lis les textes. Copie et remplis le tableau.

Read the texts. Copy and fill in the grid.

1 Zacharie **2** Mélanie **3** Fouad

Moi, j'adore les films d'action et j'aime bien les comédies, mais je ne regarde pas les films d'horreur. Je n'aime pas ça.

Moi, j'adore les films d'arts martiaux, mais je ne suis pas fan de films fantastiques. J'aime les films de science-fiction. Mon film préféré, c'est *La Guerre des étoiles*. Un classique!

Moi, j'adore les dessins animés, mais je ne suis pas fan de westerns. J'aime les films d'horreur. Mon film préféré, c'est *L'Enfant du cauchemar*. Génial!

		😞
1 Zacharie	action films, …	horror films

 Écris les phrases.

Write the sentences.

1 Quand … on …

2 Quand … on …

3 Quand … on …

4 Quand … on …

Écoute et lis les textes.

Listen and read the texts.

a

Mon émission de télé préférée s'appelle *Glee*. C'est une série et je trouve que c'est passionnant.

L'action se passe aux États-Unis dans un collège. Mon personnage préféré, c'est Rachel parce qu'elle est jolie et intelligente.

Je pense que le scénario est super. À mon avis, c'est cool. Je recommande cette émission à tout le monde.

Virginie

le personnage	character
le scénario	script
je recommande	I recommend
la «Terre du Milieu»	Middle Earth

c

Mon livre préféré s'appelle *Bilbo le hobbit*. C'est un roman fantastique et je trouve que c'est très bien.

L'action se passe dans la «Terre du Milieu». Mon personnage préféré, c'est Bilbo parce qu'il est gentil et très amusant.

Dans ce livre, j'aime les créatures fantastiques, les dragons, les elfes et les gobelins. À mon avis, c'est passionnant. Je recommande ce livre à tout le monde.

Frank

b

Mon film préféré s'appelle *Tonnerre sous les tropiques*. C'est une comédie et je trouve que c'est très amusant.

L'action se passe dans la jungle. Mon personnage préféré, c'est Kirk Lazarus parce qu'il est stupide!

Je pense que le scénario est très drôle. À mon avis, c'est génial. Je recommande ce film à tout le monde.

Akim

Copie et remplis le tableau en anglais pour chaque revue.

Copy and fill in the grid in English for each review.

title	genre	takes place	favourite character	opinion

Regarde les textes de l'exercice 1. Écris ces phrases. Ensuite, trouve l'anglais pour l'expression.

Look at the texts from exercise 1. Write out these sentences. Then find the English for the expression.

Exemple: Mon film préféré s'appelle … **h**

1 M f p s …
2 M é d t p s …
3 M l p s …
4 L'a s p …
5 J r c f à t l m.
6 À m a, c …
7 M p p, c …
8 J t q c …

a The action happens …
b My favourite TV programme is called …
c I recommend this film to everyone.
d My favourite book is called …
e I think that it's …
f My favourite character is …
g In my opinion it's …
h My favourite film is called …

Corrige l'erreur dans chaque phrase.

Correct the mistake in each sentence.

1 L'action de *Glee* se passe en Angleterre.
2 Virginie pense que le scénario de *Glee* est nul.
3 *Tonnerre sous les tropiques* est un film d'arts martiaux.
4 Dans *Tonnerre sous les tropiques*, l'action se passe en ville.
5 *Bilbo le hobbit* est une bande dessinée.
6 Frank déteste les dragons.

 Écoute et répète.

Listen and repeat.

passionnant   ennuyeux   intéressant

 –ant   This is a nasal vowel and the 't' is silent. Practise trying to make the sound come up and out of your nose rather than through your mouth!

–eux   Push your lips forward to make this sound, as if you were going to blow out a candle.

 Copie et complète le texte avec les mots de la liste.

Copy and complete the text with the words from the list.

Je n'aime pas l' ❶ ▬ de télé qui s'appelle *Cold Case, Affaires classées.*
C'est une ❷ ▬ policière et je trouve que c'est nul.
L'action se passe à Philadelphie aux États-Unis.
Je pense que le scénario est ❸ ▬ .
À mon ❹ ▬ , ce n'est pas intéressant.
Je ne ❺ ▬ pas cette série!

recommande   série
émission   avis
ennuyeux

Prépare un exposé sur ton livre ou ton film préféré ou ton émission de télé préférée.

Prepare a presentation about your favourite book, film or television programme.

Mon émission de télé préférée Mon film préféré	s'appelle ...
C'est	une série une comédie
et je trouve que c'est	bien passionnant
L'action se passe	aux États-Unis en Angleterre
Mon personnage préféré, c'est ...	parce qu'il/ elle est ...
Je pense que le scénario est	drôle intelligent
À mon avis, c'est	amusant intéressant
Je recommande ce film/cette émission à tout le monde!	

Mon livre préféré s'appelle ...	
C'est	un roman une BD
et je trouve que c'est	amusant bien passionnant
L'action se passe ...	
Mon personnage préféré, c'est ...	parce qu'il/ elle est ...
Dans ce livre, j'aime ...	
À mon avis, c'est	amusant passionnant intéressant
Je recommande ce livre à tout le monde!	

When your classmates have finished their presentations, award them one star, two stars or three stars for each of these categories:
- *pronunciation*
- *confidence and fluency*
- *using longer sentences.*

 Use phrases like: **Bravo! Super! Intéressant! Pas mal!**

Try to be constructive in your comments. If you think someone could do better, suggest what they could improve and how.

Studio Grammaire

Grammatical terms

1 Match up the grammatical terms and the definitions.

1	adjective	**a**	follows a pattern
2	irregular	**b**	the verb form you find in a dictionary
3	gender	**c**	a 'doing' word that says what someone is doing or what is happening
4	infinitive	**d**	masculine or feminine
5	pronoun	**e**	a describing word
6	verb	**f**	doesn't follow a pattern
7	tense	**g**	a word that stands in place of a noun, e.g. I, you, he, she, we
8	regular	**h**	the verb form, which tells you when an action takes place, e.g. past, present or future

The present tense

Regular –er verbs

The infinitive is the 'head of the family'.

Many infinitives end in **–er**. These verbs follow a pattern.

For the present tense, you take off the **–er** ending and add these endings:

*regard**er*** (to watch)

*je regard**e***	I watch
*tu regard**es***	you (familiar) watch
*il/elle regard**e***	he/she watches
*on regard**e***	we watch

2 Find the French for these verbs.
1 I hate
2 I watch
3 I love
4 I like
5 I play

je regarde   *j'aime*   *j'adore*

je déteste   *je joue*

3 Write out *trouver* (to find) and *penser* (to think) according to the rules for –er verbs.
1 *je* ▬
2 *tu* ▬
3 *il/elle* ▬
4 *on* ▬

4 Choose the correct form of each verb.
1 *Qu'est-ce que tu regarder/regardes à la télé?*
2 *Je regarde/regardes les documentaires.*
3 *Est-que tu aimes/aime les séries?*
4 *Oui, j'adore/adorer ça.*
5 *Ma sœur aussi aimes/aime les séries.*

Irregular verbs: *avoir* and *être*

Some verbs are irregular. You need to learn these verbs by heart.

avoir (to have)		*être* (to be)	
j'ai	I have	*je suis*	I am
tu as	you (familiar) have	*tu es*	you (familiar) are
il/elle a	he/she has	*il/elle est*	he/she is
on a	we have	*on est*	we are

5 Complete these sentences using the correct form of *avoir*.

1 *J'▬ une passion pour les films.*
2 *Elle ▬ treize ans.*
3 *Est-ce que tu ▬ un ordinateur?*
4 *Il ▬ un ticket.*
5 *J'▬ beaucoup de livres.*

6 Write out these sentences and underline the part of the verb *être*.

1 *Jesuisintelligent.*
2 *Quandjesuisconnecté,jefaisdesrecherches.*
3 *Charlieestpetitetpauvre.*
4 *Tuesfandefilmsfantastiques.*
5 *Elleestfanderomanspoliciers.*

Irregular verbs: *aller* and *faire*

Two more irregular verbs to learn by heart:

aller (to go)		*faire* (to do/make)	
je vais	I go	*je fais*	I do/make
tu vas	you (familiar) go	*tu fais*	you (familiar) do/make
il/elle va	he/she goes	*il/elle fait*	he/she does/makes
on va	we go	*on fait*	we do/make

7 Choose the correct verb, then match the sentence to its translation.

1 *Souvent, je vais/va au parc.*
2 *Quelquefois, tu fais/fait du skate.*
3 *Quand il fait froid, il vas/va au cinéma.*
4 *Avec mes copains, on fait/faire du VTT.*
5 *On va/vais au centre de loisirs.*

a With my friends, we do mountain biking.
b I often go to the park.
c When it's cold he goes to the cinema.
d We go to the leisure centre.
e Sometimes you go skateboarding.

Negatives

ne … pas makes a sandwich around the verb.

Je ne vais pas au cinéma.   I don't go to the cinema.
On n'aime pas les infos.   We don't like the news.

8 Turn these positive sentences into negative sentences using *ne … pas*.

1 *J'aime les émissions de sport.*
2 *Tu regardes la télé.*
3 *Elle aime les infos.*
4 *Il est fan de films fantastiques.*
5 *Il va au cinéma.*
6 *On va au centre de loisirs.*
7 *Tu aimes les émissions de télé-réalité.*
8 *Je fais beaucoup de choses.*

Vocabulaire

À la télé • *On TV*

je regarde …	*I watch …*
les documentaires	*documentaries*
les émissions de sport	*sports programmes*
les émissions de télé-réalité	*reality TV shows*
les infos	*news*
les jeux télévisés	*game shows*
les séries	*series*
les séries policières	*police series*
les séries américaines	*American series*

Est-ce que tu aimes …? • *Do you like …?*

Oui, j'aime ça.	*Yes, I like that.*
Non, je n'aime pas ça.	*No, I don't like that.*
c'est …	*it's …*
amusant	*funny*
génial	*great*
intéressant	*interesting*
ennuyeux	*boring*
nul	*rubbish*
j'adore	*I love*
j'aime bien	*I like*
je n'aime pas	*I don't like*
je déteste	*I hate*
je ne regarde pas	*I don't watch*
J'ai une passion pour …	*I have a passion for …*
Je suis fan de …	*I am a fan of …*
Je ne suis pas fan de …	*I am not a fan of …*

Les adjectifs • *Adjectives*

grand	grande	*tall*
petit	petite	*small*
intelligent	intelligente	*intelligent*
beau	belle	*handsome/beautiful*
amusant	amusante	*funny*
pauvre	pauvre	*poor*
gentil	gentille	*nice*
riche	riche	*rich*

Les films • *Films*

J'aime …	*I like …*
les comédies	*comedies*
les films d'action	*action films*
les films d'arts martiaux	*martial-arts films*
les films fantastiques	*fantasy films*
les films d'horreur	*horror films*
les films de science-fiction	*science-fiction films*
les westerns	*westerns*
les dessins animés	*cartoons*
Qui est ton acteur préféré?	*Who is your favourite actor?*
Mon acteur préféré, c'est …	*My favourite actor is …*
Qui est ton actrice préférée?	*Who is your favourite actress?*
Mon actrice préférée, c'est …	*My favourite actress is …*
Quel est ton film préféré?	*What is your favourite film?*
Mon film préféré, c'est …	*My favourite film is …*

La lecture • *Reading*

Je lis …	*I am reading …*
une BD	*a comic book*
un livre sur les animaux	*a book about animals*
un livre d'épouvante	*a horror story*
un magazine sur les célébrités	*a magazine about celebrities*
un roman fantastique	*a fantasy novel*
un roman policier	*a thriller*
C'est bien?	*Is it good?*
À mon avis, c'est …	*In my opinion it's …*
assez bien	*quite good*
passionnant	*exciting*
Qui est ton auteur préféré?	*Who is your favourite author?*
Mon auteur préféré, c'est …	*My favourite author is …*

Sur Internet • *On the internet*

J'envoie des e-mails.	*I send emails.*
Je fais beaucoup de choses.	*I do lots of things.*
Je fais des recherches pour mes devoirs.	*I do research for my homework.*
Je fais des achats.	*I buy things.*
Je fais des quiz.	*I do quizzes.*
Je joue à des jeux en ligne.	*I play games online.*
Je lis des blogs.	*I read blogs.*
Je trouve ça …	*I find it …*
chouette	*great*
pratique	*practical*
stupide	*stupid*
barbant	*boring*

Le temps • *The weather*

Quand …	*When …*
il fait beau	*it's nice*
il fait froid	*it's cold*
il fait chaud	*it's hot*
il pleut	*it's raining*
on fait du VTT	*we do mountain biking*
on fait du skate	*we do skateboarding*
on fait du bowling	*we go bowling*
on regarde des DVD	*we watch DVDs*
on va …	*we go …*
au café	*to the café*
au cinéma	*to the cinema*
au parc	*to the park*
on joue …	*we play …*
au foot	*football*
au basket	*basketball*
on surfe sur Internet	*we surf the internet*
avec mes copains	*with my friends*

Les mots essentiels • *High-frequency words*

assez	*quite*
aussi	*also*
comme	*as*
et	*and*
mais	*but*
normalement	*normally*
parce que	*because*
par exemple	*for example*
quand	*when*
surtout	*above all*
très	*very*

Expressions of time and frequency

d'habitude	*usually*
en ce moment	*at the moment*
quelquefois	*sometimes*
souvent	*often*
tous les soirs	*every evening*
une fois par semaine	*once a week*

Stratégie 1

Improving your pronunciation

One way of improving your French pronunciation is to listen to famous French people speaking English. They often use French sounds when they're speaking English. They use French intonation too. Intonation is the way the voice goes up and down when you string words together.

Can you imitate a French person speaking English? Why not speak English in a French accent to your teacher? Keep it up for a whole lesson. If this really gets on their nerves, try speaking French with the same accent. Your teacher can't complain about that!

Turn to page 126 to remind yourself of the *Stratégies* you learned in *Studio 1*.

Module 2 Paris, je t'adore!

Paris has something for everyone!

- **Build completed in 1889**
- **Named after its creator**
- **Visited by over six million people a year**
- **324 metres high**

What is it?

For a really creepy experience, visit the catacombs underneath Paris, where millions of human skulls and bones are stored. Would you like to have a party down here? King Charles X did in the 1780s, just before the French Revolution!

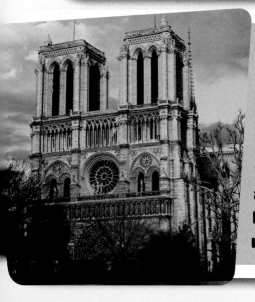

A book by Victor Hugo is set in this famous Paris cathedral. It has been filmed many times, including a Disney cartoon. Do you know the name of the book?

This dance was invented around 1830 at the Moulin Rouge nightclub in Paris. The name means 'gossip' or 'scandal'. Do you know what it is? Can you do it?

The *Mona Lisa* (la *Joconde*), by Leonardo da Vinci, is probably the most famous painting in the world. It's priceless – that means it's too valuable to put a price on it – and it's only been stolen once. You can see it in the Louvre museum, but you can't take photos, as flash photography could damage it.

The 14th of July in France is Bastille Day, or *la fête nationale* – the national holiday. In Paris, there are fireworks and a big parade. But do you know why this day is celebrated?

Paris has two professional football teams: PSG (Paris Saint-Germain) and Paris FC.
PSG's home ground is the Parc des Princes stadium, but international football and rugby matches are played at the Stade de France.

Paris is the fashion capital of the world, and Paris Fashion Week takes place twice a year in the spring and autumn. What do you think of this outfit?

What would you like to do if you went to Paris?

Paris touristique

● *Saying what you can do in Paris*
● *Using* on peut + infinitive

1 Écoute et mets les photos dans le bon ordre. (1–8)

Exemple: **1** d

Qu'est-ce qu'on peut faire à Paris?

On peut …

a faire une balade en bateau-mouche

b manger au restaurant

c aller à un concert

d visiter les monuments

e faire un tour en segway

f faire les magasins

g aller au théâtre

h visiter les musées

2 Jeu de mémoire. Ton/Ta camarade ferme son livre. Tu poses la question et il/elle répond. Puis changez de rôle. Qui peut donner la réponse la plus longue?

Memory game. Your partner closes his/her book. You ask the question and he/she answers. Then change roles. Who can give the longest answer?

Exemple:

● Qu'est-ce qu'on peut faire à Paris?

■ *On peut visiter les monuments, on peut manger …*

3 Lis le quiz. À ton avis, c'est vrai (✓) ou faux (✗)?

Exemple: **1** ✓

Studio Grammaire

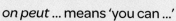Page 42

on peut … means 'you can …'

It is followed by the infinitive of another verb.

The infinitive is the form of the verb you find in a dictionary (e.g. *visiter*, *faire*). It is often used after other verbs.

On peut visiter les musées.	You can visit the museums.
On peut faire les magasins.	You can go shopping.

la plage	the beach
voir	to see
les égouts	the sewers

Que sais-tu de Paris?
Vrai ✓? Faux ✗?

1 À Paris, on peut aller au cinéma.

2 À Paris, on peut manger au McDonald's.

3 À Paris, on peut visiter le Vatican.

4 À Paris, on peut aller à la plage.

5 À Paris, on peut voir les Alpes.

6 À Paris, on peut visiter les égouts.

4 **En tandem. Discute tes réponses au quiz avec ton/ta partenaire. Il/Elle est d'accord?**

In pairs. Discuss your answers to the quiz with your partner. Does he/she agree?

Exemple:

● À Paris, on peut aller au cinéma. À mon avis, c'est vrai.

■ Je suis d'accord.

● À Paris, on peut manger au McDonald's. À mon avis, c'est faux.

■ Je ne suis pas d'accord. À mon avis, c'est vrai.

à mon avis	in my opinion
je suis d'accord	I agree
je ne suis pas d'accord	I disagree

5 **Écoute et vérifie. (1–6)**

6 **Lis les textes. Trouve le bon texte pour chaque photo.**

Exemple: **1** A

A Paris, c'est fantastique! On peut visiter les monuments, comme la tour Eiffel et la cathédrale de Notre-Dame. Il y a beaucoup de monuments, à Paris!

B À Paris, on peut visiter les musées. Par exemple, il y a le musée du Louvre où on peut voir la *Joconde*. En anglais, elle s'appelle «The Mona Lisa».

C J'adore Paris! On peut faire les magasins sur l'avenue des Champs-Élysées ou on peut faire une balade en bateau-mouche sur la Seine.

> Use the context (what each text is about) to work out what it is talking about: a river, a street, a painting, etc.

| comme | like |
| sur | on |

7 **Qu'est-ce que c'est? Écris une phrase pour chaque photo de l'exercice 6.**

Exemple:

1 C'est la cathédrale de Notre-Dame.

8 **Choisis une ville que tu connais. Qu'est-ce qu'on peut faire dans la ville?**
Écris quelques idées pour des touristes français.

Choose a town you know. What can you do in the town? Write down some ideas for French tourists.

Exemple:

Edimbourg, c'est fantastique!
À Edimbourg, on peut visiter le château, on peut faire les magasins sur Princes Street, on peut ...

(Blackpool/ Southampton/ Cardiff/etc.),	c'est	génial/super/chouette/ fantastique.
À (Blackpool/ Southampton/ Cardiff/etc.),	on peut	visiter ... voir ... manger ... faire les magasins (sur ...) aller (au cinéma/à un concert/au théâtre).

Les jeunes Parisiens

2

Saying what you like doing

Using j'aime + the infinitive

---

1 Écoute et regarde les photos.
Qui parle? (1–6)

Qu'est-ce que tu aimes faire à Paris?

Malik

Émilie

Théo

J'aime prendre des photos.

J'aime faire du roller au Trocadéro.

J'aime aller au cinéma avec mes amis.

J'aime faire les magasins.

Clarisse

Lucas

Nadia

J'aime retrouver mes copains.

J'aime aller voir des matchs au Parc des Princes.

---

2 En tandem. Choisis une personne de l'exercice 1 en secret. Ton/Ta camarade devine qui tu es.

In pairs. Choose a person from exercise 1 in secret. Your partner guesses who you are.

Exemple:

● *Tu aimes faire du roller?*

■ *Non.*

● *Tu aimes retrouver tes copains?*

■ *Oui.*

● *Tu es Malik!*

Studio Grammaire

Page 42

You can use **j'aime** + **the infinitive** of another verb to say what you like doing.

| **J'aime aller** au cinéma. | I like going to the cinema. |
| **J'aime prendre** des photos. | I like taking photos. |

To say what you <u>don't</u> like doing, use **je n'aime pas** + infinitive.

| **Je n'aime pas faire** les magasins. | I don't like going shopping. |

Remember:

mes copains = <u>my</u> mates   **mes amis** = <u>my</u> friends

tes copains = <u>your</u> mates   **tes amis** = <u>your</u> friends

---

3 Écoute et remplis le tableau. Il y a deux activités par personne. (1–4)

Exemple:

	aime 😊	n'aime pas ☹
1	c	e

 a

 b

 c

 d

 e

 f

 g

 h

 Écris des phrases pour chaque personne de l'exercice 3.

Exemple:

> 1   J'aime aller aux concerts rock. Je n'aime pas faire les magasins.

 En tandem. Fais des conversations.

Exemple:

1   ● *Qu'est-ce que tu aimes faire à Paris, Emma?*   ● *Qu'est-ce que tu n'aimes pas faire?*

   ■ *J'aime aller aux concerts rock.*   ■ *Je n'aime pas visiter les musées.*

Emma

Abdel

Flavie

Jérôme

 Lis le texte et complète les phrases en anglais.

Coucou! Je suis parisienne et je m'appelle Natasha. Ma passion, c'est la photographie. J'aime prendre des photos des monuments de Paris. J'aime aussi aller aux concerts pop à la Cité de la musique. Mais je n'aime pas visiter les musées parce que je déteste l'histoire! Et toi, qu'est-ce que tu aimes faire?

Salut! Je m'appelle Frank et moi aussi, je suis parisien. Tu aimes le foot? Le samedi après-midi, j'adore aller aux matchs de foot au stade du Parc des Princes. Je suis supporteur du PSG (Paris Saint-Germain)! Le samedi soir, je n'aime pas regarder la télé parce que c'est ennuyeux. Je préfère aller au cinéma avec mes copains.

1   Natasha likes ▇▇ of the monuments in Paris.
2   She also likes going ▇▇ at the Cité de la musique.
3   The thing she hates doing is ▇▇.
4   Frank likes going to watch football matches at ▇▇.
5   Frank is ▇▇ of the football team PSG.
6   He doesn't like watching TV on Saturday evenings because ▇▇.
7   He prefers ▇▇ with his mates.

  Imagine que tu habites à Paris. Qu'est-ce que tu aimes faire? Qu'est-ce que tu n'aimes pas faire? Écris des phrases.

Add variety to your opinions, by:

- *Using **j'adore** (I love) and **je déteste** (I hate):*
  J'adore aller aux matchs de foot. Je déteste danser.
- *Giving reasons, using **parce que** + an adjective:*
  parce que c'est ennuyeux/génial/amusant.

3

Ça, c'est la question!

⚬ Asking for tourist information
⚬ Using question words

 **Écoute et mets les questions dans le bon ordre. (1–6)**

Exemple: **1** d

a Est-ce qu'il y a une cafétéria?

b C'est combien, l'entrée?

c C'est ouvert à quelle heure?

d C'est où, le musée Carnavalet?

e Est-ce qu'il y a une boutique de souvenirs?

f C'est ouvert quand?

l	m	me	j	v	s	d

Studio Grammaire

You can use **Est-ce que**...? to turn a statement into a question.

Il y a une cafétéria. → **Est-ce qu**'il y a une cafétéria?

There is a cafeteria.   Is there a cafeteria?

Use the following question words to ask for different information:

à quelle heure? at what time?   *où?* where?

combien? how much?/how many?   *quand?* when?

All these question words can be used <u>after</u> *c'est*.

*C'est **où**?* Where is it?   *C'est **quand**?* When is it?

Note: Use **à quelle heure** for <u>times</u>. Use **quand** for <u>days or dates</u>.

Remember to make your voice go up at the end of a question.

C'est combien, l'entrée?

 Trouve la bonne réponse à chaque question.

1 C'est où, le musée Carnavalet?
2 C'est combien, l'entrée?
3 C'est ouvert quand?
4 C'est ouvert à quelle heure?
5 Est-ce qu'il y a une boutique de souvenirs?
6 Est-ce qu'il y a une cafétéria?

a C'est ouvert de 10h à 18h.
b Non, mais il y a des restaurants tout près.
c C'est ouvert tous les jours, sauf le lundi.
d C'est au 23, rue de Sévigné.
e Non, il n'y a pas de boutique.
f C'est 4,50€ pour les adultes et 3,80€ pour les jeunes.

Opening and closing times are usually given in the 24-hour clock. For example, **18h** (short for **18 heures**) instead of 6 o'clock in the evening.

sauf	except
tout près	nearby

 Écoute et vérifie. (1–6)

 **En France**

There are over 70 museums in Paris. The *musée Carnavalet* is devoted to the history of Paris, but there are also museums dedicated to fashion, magic, the circus, money – and even wine!

En tandem. Complète les conversations.

Exemple:

1 ● *C'est où, le musée de la Mode, s'il vous plaît?*

   ■ *C'est dans la rue de Rivoli.*

Be polite! Use ***s'il vous plaît*** (please) and **merci** (thank you).

1 C'est dans la rue de Rivoli.

2 C'est ouvert tous les jours, sauf le lundi.

3 C'est ouvert de 11h à 18h.

4 C'est 9€ pour les adultes et 7 € pour les jeunes.

Lis la publicité pour les catacombes et choisis la bonne réponse.

Exemple: **1** Les catacombes, c'est dans **l'avenue Rol-Tanguy**.

VISITEZ LES CATACOMBES DE PARIS!

1, avenue Rol-Tanguy
75014 Paris
Tél.: 01 43 22 47 63

Horaires d'ouverture:
Ouvert du mardi au dimanche
Ouvert de 10h00 à 17h00
Fermé le lundi

Tarifs d'entrée:
Adultes: 8€
Jeunes (de 14 à 26 ans): 4€
Enfants: gratuit

Attention! Il n'y a pas de toilettes dans les catacombes.

1 Les catacombes, c'est dans la rue de Rivoli/ l'avenue Rol-Tanguy.

2 C'est ouvert tous les jours, sauf le lundi/le dimanche.

3 C'est ouvert de dix heures à trois heures/de dix heures à cinq heures.

4 Pour les adultes, l'entrée, c'est huit euros/dix-huit euros.

5 Pour les jeunes, c'est quatre euros/quatorze euros.

6 Il y a des/Il n'y a pas de **toilettes**.

il y a	there is/there are
il n'y a pas	there isn't/there aren't

Trouve l'équivalent des phrases dans le texte de l'exercice 5.

Find the equivalent of the phrases in the text from exercise 5.

1 open from Tuesday to Sunday

2 children: free of charge

3 admission prices

4 closed on Mondays

5 opening times

6 from fourteen to twenty-six years old

Écris un mini-dialogue au sujet des catacombes. Écris au moins trois questions et trois réponses.

Write a mini-dialogue about the Catacombs. Write at least three questions and three answers.

Exemple:

● *Bonjour. C'est ouvert quand, les catacombes, s'il vous plaît?*

■ *C'est ouvert tous les jours sauf le lundi.*

4 C'était comment?

1 Rémi Rapide a visité Paris en 24 heures! Écoute et note les monuments dans le bon ordre. (1–8)

J'ai visité ...

a

la tour Eiffel

b l'Arc de Triomphe

c le musée du Louvre

d le Sacré-Cœur

e le Centre Pompidou

f la cathédrale de Notre-Dame

g les catacombes

h les égouts

2 Écoute et répète.

tu	du	musée		
ou	tour	égouts	Louvre	Pompidou

Tu as visité les égouts, le musée du Louvre ou le Centre Pompidou?

 *Make the difference between **u** (pull your top lip down a bit) and **ou** (pout your lips slightly).*

3 En tandem. Choisis un monument en secret. Ton/Ta camarade peut deviner en trois questions quel monument tu as visité?

In pairs. Choose a monument in secret. Can your partner guess in three questions which monument you visited?

Exemple:

● *Tu as visité le Centre Pompidou?*

■ *Non.*

● *Tu as visité les égouts?*

■ *Oui, j'ai visité les égouts.*

Studio Grammaire
 Page 43

- You use the perfect tense to say what you did or what you have done.
- To form the perfect tense of **–er** verbs, you use: part of the verb **avoir** (to have) + **a past participle**.
- To form the past participle, take off **–er** and replace it with **–é**.

visit**er** → visit**é**

j'ai visité	I visited/I have visited
tu as visité	you visited/you have visited
il/elle a visité	he/she visited/he/she has visited
on a visité	we visited/we have visited

4 Imagine que tu as visité Paris en 24 heures. Décris ta visite. Mentionne au moins quatre monuments.

Imagine you have visited Paris in 24 hours. Describe your visit. Mention at least four monuments.

Exemple:

D'abord, j'ai visité la cathédrale de Notre-Dame. Ensuite, j'ai visité ...

 Try linking items in a list using the following sequencing words:

d'abord	*first of all*
ensuite	*next*
puis	*then*
après	*afterwards*
finalement	*last of all*

 Écoute et note le monument (utilise les lettres de l'exercice 1) et l'opinion. (1–8)

 C'était comment?

C'était ...

	monument	opinion
1	g	C

A *génial*

B *cool*

C *marrant*

D *intéressant*

E *ennuyeux*

F *nul*

G *bizarre*

H *Ce n'était pas mal.*

 En tandem. Fais trois dialogues. Change les mots soulignés.

● *Qu'est-ce que tu as fait à Paris?*

■ *J'ai visité <u>les égouts</u>.*

● *C'était comment?*

■ *C'était <u>marrant</u>!*

 Lis les indices. Il/Elle a visité quel monument? Son opinion est positive (✓) ou négative (✗)?

Read the clues. Which monument did he/she visit? Is his/her opinion positive or negative?

Exemple: **1** Notre-Dame ✓

1 J'ai visité la cathédrale de Paris. C'était très beau.

2 J'ai visité un musée avec une grande pyramide. C'était barbant.

3 J'ai visité une très grande tour. C'était un peu ennuyeux.

4 J'ai visité une grande église blanche. C'était complètement nul.

5 J'ai visité un musée d'art moderne. C'était assez amusant.

6 J'ai visité des tunnels où on peut voir des squelettes! C'était chouette!

une église	a church
blanc/blanche	white
des squelettes	skeletons

 Copie et complète la carte postale.

Exemple:

D'abord, j'ai visité l'Arc de Triomphe. C'était cool. Ensuite, ...

Try using these qualifiers with some of the adjectives:

très very

assez quite

un peu a bit

C'était très intéressant.
C'était un peu bizarre.

D'abord, j'ai visité . C'était .

Ensuite, j'ai visité [Eiffel Tower]. C'était [emoji].

Puis j'ai [tunnel]. Ce n' [emoji].

Après, [building] [emoji].

Finalement,  .

Le 14 juillet à Paris

① Trouve la bonne phrase pour chaque photo.

> Je m'appelle Chloé. L'année dernière, j'ai passé le 14 juillet à Paris!

l'année dernière	last year
j'ai passé	I spent

a J'ai acheté des souvenirs.
b J'ai envoyé des cartes postales.
c J'ai rencontré un beau garçon.
d J'ai mangé au restaurant.
e J'ai regardé le défilé et le feu d'artifice.
f J'ai beaucoup dansé.

② Écoute et vérifie. (1–6)

③ En tandem. Copie le tableau. Choisis les images A ou B. Joue au morpion!

In pairs. Copy the grid. Choose pictures A or B. Play noughts and crosses!

Exemple:

● *Cinq. J'ai acheté des souvenirs.*
■ *Sept. J'ai beaucoup dansé.*
● *Huit. J'ai …*

1	2	3
4	5 O	6
7 X	8	9

A

B

Studio Grammaire

Past participles of **–er** verbs end in **–é**.

j'ai acheté	I bought	*j'ai mangé*	I ate
j'ai dansé	I danced	*j'ai regardé*	I watched
j'ai envoyé	I sent	*j'ai rencontré*	I met

» Page 43

To pronounce the **–é** ('e acute') ending on a past participle, say 'ay', but smile broadly as you say it.

4 Lis l'e-mail. C'est vrai (✓) ou faux (X)?

1 D'abord, Chloé a regardé le défilé.
2 Elle a envoyé des cartes postales à sa famille.
3 Le soir, elle a mangé de la pizza.
4 Puis elle a regardé le feu d'artifice.
5 Elle a dansé sur les Champs-Élysées.
6 Elle a rencontré un garçon qui s'appelle Raphaël.

jaloux / jalouse *jealous*

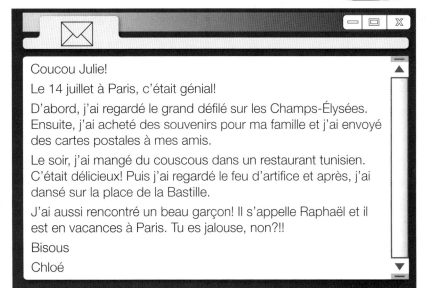

Coucou Julie!

Le 14 juillet à Paris, c'était génial!

D'abord, j'ai regardé le grand défilé sur les Champs-Élysées. Ensuite, j'ai acheté des souvenirs pour ma famille et j'ai envoyé des cartes postales à mes amis.

Le soir, j'ai mangé du couscous dans un restaurant tunisien. C'était délicieux! Puis j'ai regardé le feu d'artifice et après, j'ai dansé sur la place de la Bastille.

J'ai aussi rencontré un beau garçon! Il s'appelle Raphaël et il est en vacances à Paris. Tu es jalouse, non?!!

Bisous
Chloé

5 Écoute Raphaël. Qu'est-ce qu'il a fait? (✓) Qu'est-ce qu'il n'a pas fait? (X)

Exemple: **1** ✓

1 2  3 4 5 6

Studio Grammaire
> Page 43

To make a perfect tense verb negative, you put **ne ... pas** around the part of **avoir**.

Je n'ai pas mangé au restaurant.

une jolie fille *a pretty girl*

Attention! **Je n'ai pas acheté de souvenirs. Je n'ai pas envoyé de cartes postales.**

6 Écris des phrases pour Raphaël.

Exemple:

J'ai regardé le feu d'artifice. J'ai ...
Je n'ai pas ...

7 Écoute et lis le rap. Puis lis le rap à voix haute.

Rap parisien

J'suis parisien, je m'appelle Baptiste.
J'habite dans la banlieue, j'suis pas un touriste!
Ce n'est pas trop mal, mais c'est un peu ennuyeux,
Alors, j'ai visité Paris pour changer un peu.

J'ai visité le Louvre et la tour Eiffel,
J'ai admiré la *Joconde*: elle est très, très belle!
J'ai acheté un jean sur les Champs-Élysées,
Puis j'ai mangé un sandwich dans un petit café.

J'ai visité Notre-Dame, c'était intéressant.
Et au Moulin Rouge, j'ai dansé le cancan!
J'ai voyagé sur la Seine en bateau-mouche.
Tu vois, faut pas me juger sur mon sweat à capuche!

la banlieue *the suburbs*
j'suis *slang for **je suis***
faut pas me juger sur mon sweat à capuche
don't judge me by my hoodie

Bilan

Unité 1

I can

- ● say what you can do in Paris and elsewhere:

  On peut visiter les musées.
  On peut faire les magasins.

- ● agree and disagree with someone:

  je suis d'accord/ je ne suis pas d'accord

- ☐ use *on peut* + the infinitive:

  On peut faire un tour en segway.

Unité 2

I can

- ● say what I like and don't like doing:

  J'aime retrouver mes copains.
  Je n'aime pas aller au théâtre.

- ● ask people what they like doing:

  Qu'est-ce que tu aimes faire?

- ● give reasons why I like/don't like doing things:

  parce que c'est amusant/ennuyeux

- ☐ use *j'aime/j'adore/je n'aime pas/ je déteste* + the infinitive:

  J'adore prendre des photos.
  Je déteste visiter les musées.

Unité 3

I can

- ● ask questions to obtain tourist information:

  C'est ouvert à quelle heure?
  Est-ce qu'il y a des toilettes?

- ● understand information about a tourist attraction:

  ouvert tous les jours/enfants: gratuit

- ☐ use different question words:

  c'est combien? c'est ouvert quand?

- ● use rising intonation in questions:

  C'est combien, l'entrée?

Unité 4

I can

- ● say what I visited in Paris:

  J'ai visité la tour Eiffel et les catacombes.

- ● say what it was like:

  C'était génial! C'était nul!

- ● use sequencing words:

  d'abord, ensuite, puis, après, finalement

- ● use qualifiers:

  C'était très beau. C'était un peu bizarre.

- ☐ form the perfect tense of *visiter*:

  J'ai visité la cathédrale de Notre-Dame.

- ● pronounce the sounds *u* and *ou*:

  tu, du, tour, égouts

Unité 5

I can

- ● say what I did in Paris:

  J'ai acheté des souvenirs.

- ● say what I didn't do:

  Je n'ai pas regardé le feu d'artifice.

- ☐ form the perfect tense of *–er* verbs:

  j'ai dansé, j'ai rencontré

- ● pronounce the *–é* ending on past participles correctly:

  visité, mangé

Révisions

1 Écoute. Copie et remplis le tableau. (1–5)

	activité	😊	☹️
1	e	✓	

a  b  c  d e

2 En tandem. Complète les questions et lis le dialogue à voix haute.

● *La tour Eiffel, c'est ouvert s'il vous plaît?*

l	m	me	j	v	s	d

　■ *C'est ouvert tous les jours.*

● *Et c'est ouvert* *?*

　■ *C'est ouvert de neuf heures et demie à six heures et demie.*

● *C'est*  *, l'entrée?*

　■ *C'est onze euros cinquante.*

● *Est-ce qu'il y a* 　 *?*

　■ *Oui, il y a une boutique de souvenirs.*

● *Est-ce qu'il y a* 　 *?*

　■ *Oui, il y a une cafétéria et un restaurant.*

● *Merci. Au revoir.*

3 Lis le blog et réponds aux questions en anglais.

Moi, j'adore habiter à Paris! On peut visiter les monuments et les musées ou on peut faire une balade en bateau-mouche. Le soir, on peut aller à un concert ou au théâtre. Le samedi, j'adore aller voir des matchs de foot au Parc des Princes. J'aime aussi prendre des photos de Paris et faire du roller au Trocadéro. Mais je n'aime pas faire les magasins. C'est ennuyeux! Et toi, qu'est-ce que tu aimes faire?

Yasmine

1 How does Yasmine feel about living in Paris?
2 Name **two** things she says you can do in the evenings.
3 What does she love doing on Saturdays?
4 Name **one** other thing she likes doing.
5 What **doesn't** she like doing and why?

4 Qu'est-ce qu'on peut faire dans ta ville? Qu'est-ce que tu aimes faire? Écris un paragraphe.

• Adapt what Yasmine wrote.
• Mention at least two things you can do in your town.
• Mention at least two things you like doing and one thing you don't like doing.

1 Regarde la page web. Il s'agit de quoi?
Look at the web page. What's it about?

MUSÉE de la MAGIE

MUSÉE DE LA MAGIE
Collections, Activités, Spectacle permanent
MUSÉE DES AUTOMATES
A — **MAGASIN DE MAGIE**
B — **ÉCOLE DE MAGIE**
C — **ANNIVERSAIRES**
D — **ACCUEIL DES GROUPES**

EXPOSITIONS ITINERANTES
SPECTACLES DE MAGIE — G
Spectacles à domicile, Anniversaires,
Galas de magie, Festival international de magie
ÉVÉNEMENTIEL
Magie dans la ville, Expositions, Location du musée
CRÉATION D'EFFETS SPECIAUX — H

Réservations Tarifs Horaires Contacts
E F

 2 Relis la page web et choisis la bonne lettre.
Exemple: **1** F

Which button would you click on to do these things?
1 Find out opening days and times.
2 Find out how much it costs.
3 Organise a group visit.
4 Do some online shopping.
5 Celebrate your birthday at the museum.

6 Find out about special effects.
7 Go to a magic show.
8 Have lessons at the school of magic.

 3 Lis le texte et réponds aux questions en anglais.
Utilise le Mini-dictionnaire, si nécessaire.

Au Musée de la Magie, nous proposons une formule «ANNIVERSAIRE MAGIQUE» pour l'anniversaire de votre enfant avec:

* Visite du musée
* Spectacle de prestidigitation
* Cours de magie adapté à l'âge des enfants
* Cadeau magique pour chaque participant (un tour de magie qu'il va apprendre pendant le cours)
* Salle à disposition pour le goûter d'anniversaire

Les enfants doivent être âgés au minimum de 6 ans.
Dates: mercredi, samedi et dimanche sauf pendant les vacances scolaires.
Horaires: À déterminer avec le secrétariat du musée.

1 What special event is being advertised here for children?
2 Name **three** things included in the event.
3 When can the event take place?

la prestidigitation = la magie

4 **Écoute le reportage. Il s'agit de quoi?**

Listen to the report. What's it about?

Grande randonnée en roller du vendredi soir!

> To listen and get the gist:
> - Relax. Don't try to understand everything.
> - What clues do the title and photo give you?
> - Listen for words or phrases that you recognise.

> **une randonnée**   a walk or ride
> **la tour Montparnasse**
>   an office skyscraper in Paris (the tallest in France)
> **mille**   a thousand

5 **Écoute à nouveau. Mets les phrases dans le bon ordre.**

Listen again. Put the phrases in the correct order.

a The number of kilometres covered

b How many participants there are

c Where it starts from

d The time it starts

e What you have to wear

f The day it takes place

> Always try to predict what words you might hear. For example, in exercise 5 you will hear: numbers, a place, a time, clothes, a day of the week.

6 **Écoute à nouveau et choisis la bonne réponse.**

1 La randonnée en roller, c'est tous les vendredi soirs/samedi soirs.
2 Ça commence à 21h00/21h30.
3 Ça part de la tour Eiffel/la tour Montparnasse.
4 La distance, c'est environ 3 kilomètres/30 kilomètres.
5 Il y a environ mille/quinze mille participants.
6 Au printemps, il faut porter des vêtements blancs/rouges.

> **environ**   approximately
> **il faut porter**   you have to wear

7 **Écris une page web pour la randonnée en roller.**

Inclus les informations suivants:

- C'est quand?
- C'est à quelle heure?
- Ça part d'où?
- C'est pour quelle distance?
- Il y a combien de participants?
- Qu'est-ce qu'il faut porter?

Exemple:

> Tu aimes faire du roller?
> Alors, viens à la grande randonnée en roller à Paris!
>
> C'est tous les vendredi soirs.
> Ça commence à ...

Studio Grammaire

The infinitive

The infinitive is the form of a verb that is listed in a dictionary. Think of it as the 'head of the family'. All infinitives end in **–er**, **–ir** or **–re**.

Examples: **visiter** (to visit) **avoir** (to have) **être** (to be)

1 Find the six infinitives in the shapes and write each one next to the correct English translation.

1 ▬ (to go) **3** ▬ (to eat) **5** ▬ (to watch)
2 ▬ (to do or make) **4** ▬ (to take) **6** ▬ (to see)

aller vais fais faire mange manger

prends prendre regarder regarde voit voir

on peut + infinitive

Infinitives are often used after another verb. For example, you use **on peut** ('you can' or 'we can') followed by an infinitive to say what you can do.

À Paris, **on peut visiter** les monuments.   In Paris, you can visit the monuments.

2 Unjumble the sentences and underline the infinitive in each one. Then translate the sentences.
Example: 1 On peut <u>manger</u> au restaurant. (You can eat in a restaurant.)

1 au manger On restaurant. peut **4** visiter On musées. les peut
2 magasins. peut On faire les **5** segway. en On tour faire peut un
3 peut concert. un aller On à **6** On voir tour peut Eiffel. la

j'aime + infinitive

You can use infinitives after **j'adore** (I love), **j'aime** (I like), **je n'aime pas** (I don't like) and **je déteste** (I hate) to say what you like and don't like doing.

J'adore faire du skate.   I love skateboarding.
Je n'aime pas aller au collège.   I don't like going to school.

3 Use the symbols and pictures to write sentences.
Example: 1 J'aime retrouver mes copains.

1    **5**

2   **6**

3   **7** Et toi? Écris quatre phrases pour toi.

4

 j'adore
☺ j'aime
☹ je n'aime pas
☹ ☹ je déteste

The perfect tense of *–er* verbs

You use the perfect tense to say what you did or what you have done.

- To form the perfect tense of *–er* verbs, you use:
  part of the verb ***avoir*** (to have) + **a past participle**
- To form the past participle, take off *–er* and replace it with *–é*.
  *regard**er** → regard**é***

j'ai regardé	I watched/I have watched
tu as regardé	you watched/you have watched
il/elle a regardé	he/she watched/he/she has watched
on a regardé	we watched/we have watched

4 Find six past participles in the Louvre Pyramid and use them to complete the sentences below. Then translate the sentences.
Example: dansé **1** J'ai dansé à la discothèque. (I danced at the disco.)

ridansé
tivisitémo
sémangéza
kupachetéoky
wregardéighpé
ducavienvoyéexh

1 J'ai ▬ à la discothèque.
2 Tu as ▬ la tour Eiffel.
3 Il a ▬ au restaurant.
4 Elle a ▬ beaucoup de souvenirs.
5 On a ▬ le feu d'artifice.
6 J'ai ▬ beaucoup de cartes postales.

5 Copy and complete these perfect tense verbs.
Example: j'ai chanté

chanter (to sing)	*jouer* (to play)	*écouter* (to listen)
▬ *chanté*	*j'ai joué*	*j'ai écouté*
tu as chanté	*tu as* ▬	*tu* ▬ ▬
il a ▬	*il a joué*	*il a écouté*
elle a chanté	*elle* ▬ *joué*	*elle a écouté*
on a chanté	*on a joué*	*on* ▬ ▬

Making perfect tense verbs negative

To make a perfect tense verb negative, you put ***ne ... pas*** around the part of ***avoir*** to form a 'sandwich'.

ne shortens to ***n'*** in front of a vowel sound.

J'ai visité la cathédrale de Notre-Dame.	I visited Notre-Dame.
*Je **n'**ai **pas** visité la cathédrale de Notre-Dame.*	I didn't visit Notre-Dame.

6 Rewrite the sentences in exercise 4 to make them negative.
Example: Je n'ai pas dansé à la discothèque.

Vocabulaire

Qu'est-ce qu'on peut faire?
• What can you do?

On peut ...	You can ...
aller à un concert	go to a concert
aller au théâtre	go to the theatre
faire les magasins	go shopping
faire un tour en segway	go on a tour by segway
faire une balade en bateau-mouche	go on a boat trip
manger au restaurant	eat in a restaurant
visiter les monuments	visit the monuments
visiter les musées	visit the museums

Des questions touristiques
• Tourist questions

C'est où, le musée?	Where is the museum?
C'est ouvert quand?	When is it open? (day or date)
C'est ouvert à quelle heure?	At what time is it open?
C'est combien, l'entrée?	How much does it cost to get in?
Est-ce qu'il y a ...	Is there ...
une cafétéria/une boutique de souvenirs?	a cafeteria/a souvenir shop?

D'accord? • Do you agree?

À mon avis ...	In my opinion ...
c'est vrai	it's true
c'est faux	it's false
Je suis d'accord.	I agree.
Je ne suis pas d'accord.	I disagree.

Des informations touristiques
• Tourist information

horaires d'ouverture	opening times
ouvert tous les jours	open every day
sauf le lundi	except Mondays
ouvert du (mardi) au (dimanche)	open from (Tuesday) to (Sunday)
fermé	closed
de 10h00 à 17h00	from 10 a.m. to 5 p.m.
tarifs d'entrée	admission prices
adultes	adults
jeunes	young people
enfants	children
gratuit	free
Il y a (une cafétéria).	There is (a cafeteria).
Il n'y a pas de (boutique de souvenirs).	There isn't a (souvenir shop).

J'aime ... • I like ...

J'adore ...	I love ...
Je n'aime pas ...	I don't like ...
Je déteste ...	I hate ...
aller au cinéma (avec mes amis)	going to the cinema (with my friends)
aller aux concerts (rock)	going to (rock) concerts
aller voir des matchs (au Parc des Princes)	going to watch matches (at the Parc des Princes)
faire du roller (au Trocadéro)	roller-blading (at the Trocadéro)
faire les magasins	going shopping
prendre des photos	taking photos
retrouver mes copains	meeting up with my mates

À Paris • *In Paris*

J'ai passé le 14 juillet à Paris.	*I spent the 14th July in Paris.*
J'ai acheté des souvenirs.	*I bought some souvenirs.*
J'ai (beaucoup) dansé.	*I danced (a lot).*
J'ai envoyé des cartes postales.	*I sent postcards.*
J'ai mangé au restaurant.	*I ate in a restaurant.*
J'ai regardé le défilé/le feu d'artifice.	*I watched the parade/ the fireworks.*
J'ai rencontré un beau garçon/une jolie fille.	*I met a good-looking boy/a pretty girl.*
J'ai visité ...	*I visited ...*
le musée du Louvre/la tour Eiffel/les catacombes	*the Louvre museum/the Eiffel Tower/the Catacombs*

C'était comment? • *What was it like?*

C'était ...	*It was ...*
beau	*beautiful*
bizarre	*weird*
ennuyeux	*boring*
génial	*great*
intéressant	*interesting*
marrant	*funny/a laugh*
nul	*rubbish*
Ce n'était pas mal.	*It wasn't bad.*

Les mots essentiels • *High-frequency words*

à quelle heure?	*when?/at what time?*
quand?	*when? (for day, month, year, etc.)*
combien?	*how much?/how many?*
où?	*where?*
un peu	*a bit*
beaucoup (de)	*a lot (of)*
d'abord	*first of all*
ensuite	*next*
puis	*then*
après	*afterwards*
finalement	*finally, lastly*

Stratégie 2

Remembering meanings

Sometimes you can recognise a French word or remember how to spell it, but you forget what it means. One way of remembering words that just won't stick is to put them into English sentences and repeat them to yourself.

For example, to remember the French words for 'open' and 'closed' you could say 'The window is **ouvert** but the door is **fermé**.' Or to remember the word for 'except' you could say 'I will do homework any day **sauf** Friday.' See how many more you can come up with. The funnier the better!

Turn to page 126 to remind yourself of the *Stratégies* you learned in *Studio 1*.

quarante-cinq **45**

The ten most widely spoken languages in the world are:
- Arabic
- Bengali
- Chinese
- English
- German
- Hindi
- Japanese
- Portuguese
- Russian
- Spanish.

Which languages have the most speakers? Can you put them in order of popularity?

Здравствуйте

السلام عليكم

こんにちは

¡Hola!

Bom dia

Guten Tag

Did you know that, like English, French is spoken on every continent in the world?

Which three of these sports do you think are most popular in France?

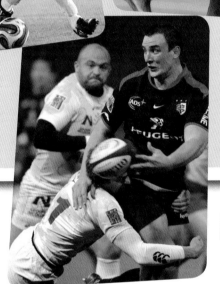

Which urban tribes can you name? Do you belong to an urban tribe?

RÉPUBLIQUE FRANÇAISE

CARTE NATIONALE D'IDENTITÉ Nº :   Nationalité Française

DT   Nom : DE PINHO

Prénom(s) : TATIANA AURORE LILIANE

Sexe : F   Né(e) le : 16.04.1996
à : CHÂLONS-SUR-MARNE
Taille : 1.62m
Signature
du titulaire :

IDFRADE<PINHO<<<<<<<<<<<<<<<<<511015

In France, everyone has to carry a *carte d'identité*. Do you have one? Do you think it's a good idea?

1 Écoute. C'est qui? (1–9)

Exemple: **1** Hugo

Samira

Hugo

Olivia

Harris

a Je suis drôle.

b Je suis sportif.

c Je suis sympa.

d Je suis intelligent.

Studio Grammaire ≫ Page 62

Most adjectives have a different feminine form.

masculine	feminine
patient	*patient**e***
intelligent	*intelligent**e***
paresseux	*paress**euse***
sportif	*sporti**ve***

Some adjectives are the same in the masculine and feminine forms.

masculine	feminine
sympa	*sympa*
pénible	*pénible*
drôle	*drôle*
égoïste	*égoïste*
timide	*timide*

Marielle

Alyzée

Frank

Éva

Arthur

e Je suis pénible.

f Je suis égoïste.

g Je suis patiente.

h Je suis paresseux.

i Je suis timide.

---

2 Copie les textes. Écris correctement les mots en désordre.

A

Je suis très ❶ aspmy et je suis aussi assez ❷ lligetentine.

Je suis un peu ❸ mitied, mais je ne suis pas ❹ apeessures.

Clémentine

B

Je suis très ❺ soprfit et je suis aussi assez ❻ leôrd.

Je suis un peu ❼ ésteïgo, mais je ne suis pas ❽ nleibpé.

Nicolas

---

3 Écoute et note les lettres des adjectifs de l'exercice 1. (1–4)

Exemple: **1** g, b, …

4 Décris un membre de ta famille. Fais une liste de cinq adjectifs.

Exemple:

Mon frère est sportif, intelligent …

Studio Grammaire ≫ Page 62

Possessive adjectives are the words for 'my' and 'your'. They change according to whether the noun they refer to is masculine, feminine or plural.

	masculine	feminine	plural
my	**mon** *père*	**ma** *mère*	**mes** *parents*
your	**ton** *père*	**ta** *mère*	**tes** *parents*

 Associe les descriptions aux dessins.

Exemple: **1** f

1
$$x - \frac{x^3}{3} + \frac{x^5}{5} - \frac{x^7}{7} = ?$$

4

2

5

3

6

a Ma meilleure amie est assez paresseuse.
b Mon meilleur ami est un peu égoïste.
c Ma meilleure amie est très sportive.
d Ma meilleure amie est très sympa.
e Mon meilleur ami est un peu pénible.
f Mon meilleur ami est assez intelligent.

un peu

assez

très

 Écoute. Choisis la bonne réponse.

1 Mon meilleur ami est très sportif/ intelligent.
2 Il est aussi assez sympa/drôle.

3 Il est un peu pénible/timide.
4 Il n'est pas paresseux/égoïste.

 Lis l'interview. Complète les phrases en anglais.

● *Comment t'appelles-tu?*

■ *Je m'appelle Noah et j'ai quatorze ans. J'habite à Marseille avec mes parents et ma petite sœur.*

● *Décris ton caractère.*

■ *Alors, je suis intelligent et je suis aussi très sympa. Je ne suis pas paresseux. Je suis assez sportif et je pense que je suis drôle.*

● *Parle-moi de ton meilleur ami.*

■ *Mon meilleur ami s'appelle Léo. Il est drôle mais quelquefois un peu pénible. Il adore les films de science-fiction et le rugby.*

1 Noah is fourteen years old. He lives in Marseille with ▮▮.
2 He is intelligent and very ▮▮ too. He is not ▮▮.
3 He is quite ▮▮ and he thinks he is ▮▮.
4 His best friend Léo is ▮▮ but sometimes a bit ▮▮.
5 Léo loves ▮▮ and ▮▮.

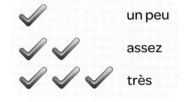

Studio Grammaire ≫ Page 23

être (to be) is an irregular verb.

je suis	I am
tu es	you are
il/elle est	he/she is
on est	we are

 En tandem. Fais deux dialogues.

● *Décris ta célébrité préférée.*

↙

■ *Il s'appelle … Il est très … et il est aussi assez … Il est un peu … mais il n'est pas …*

↘

■ *Elle s'appelle … Elle est très … et elle est aussi assez …*
Elle est un peu … mais elle n'est pas …

 Écris une interview. Utilise le texte de l'exercice 7 comme modèle.

1 Associe les phrases aux photos.

Exemple: **1** e

Tu fais quoi, avec tes copains?
1 On écoute de la musique.
2 On joue à des jeux vidéo.
3 On va en ville.
4 On fait du shopping.
5 On rigole.

Tu parles de quoi, avec tes copains?
6 On parle de sport.
7 On parle de mode.
8 On parle de films.

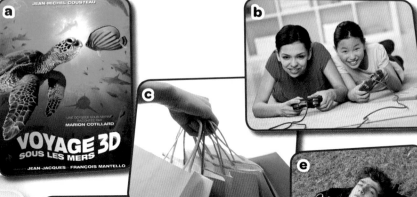

Studio Grammaire

on means 'we'. The verb form is the same as for *il* and *elle*.

on parle	we speak
on regarde	we watch
on va	we go
on rigole	we have a laugh

2 Écoute et vérifie tes réponses. (1–8)

copains	male friends
copines	female friends

3 Écoute. Qu'est-ce qui n'est pas mentionné? (1–3)

What isn't mentioned?

1 a) playing video games   b) shopping   c) talking about music
2 a) talking about films   b) having a laugh   c) going into town
3 a) talking about sport   b) talking about fashion   c) shopping

4 En tandem. Fais deux dialogues.

A ● Tu fais quoi, avec tes copains ou tes copines?

■ On ou ___ .

● Tu parles de quoi, avec tes copains ou tes copines?

■ *Alors, on parle de* ___ *et quelquefois,*

on parle de ___ .

B ● Tu fais quoi, avec tes copains ou tes copines?

■ On ou ___ .

● Tu parles de quoi, avec tes copains ou tes copines?

■ *Alors, on parle de* ___ *et quelquefois,*

on parle de .

5 Écris un dialogue. Utilise le modèle de l'exercice 4.

6 C'est qui? Natasha ou Maxime?

Je fais beaucoup de choses avec mes copains. Par exemple, on va en ville et quelquefois, on va au cinéma. S'il fait beau, on va au parc et on joue au foot. Quand il pleut, on joue au ping-pong. J'adore ça, c'est génial. Quand on peut, on joue à des jeux vidéo. En général, on parle de sport. On s'entend très bien et on rigole beaucoup.
Maxime

Moi, je fais beaucoup de choses avec mes copines. Par exemple, on va au café et quelquefois, on va au centre de loisirs.
S'il fait chaud, on va au parc et on parle de films ou de mode.
S'il pleut, on regarde des DVD ou on fait du bowling.
Quand on peut, on va au parc d'attractions parce qu'on aime ça, mais c'est cher!
Natasha

quand on peut	*when we can*
c'est cher	*it's expensive*
on s'entend très bien	*we get on very well*

1

2

3

4

5

6

7 Écris les mots dans le bon ordre.
1 beau, S'il fait en ville. va on
2 il Quand on pleut, de écoute musique. la
3 fait vélo. du Quand on chaud, il fait
4 pleut, fait shopping. on du S'il
5 chaud, au fait football. S'il on joue

8 Prépare un exposé pour ta classe.

Je fais beaucoup de choses avec mes copains.
Par exemple, on … et quelquefois, …
    J'adore ça. C'est génial.
S'il fait beau, on …
Quand il pleut, …
En général, on parle de … ou de …
Quand on peut, on …
On s'entend bien!

Juge tes amis! (Rate your mates!)
Fantastique!   Très intéressant!
Super!   Vraiment très bien!
Make two remarks, for example:
• *Your pronunciation was good!*
• *I liked the content.*
• *You used lots of connectives.*
• *I could easily spot your opinion.*
• *You spoke clearly.*
Then try to give one piece of advice.

Make your sentences more interesting by using:
quand	*when*
si	*if*
S'il pleut, …	*If it's raining …*
Quand il fait beau, …	*When it's nice …*

3 Quelle musique écoutes-tu?

- Talking about music
- Giving opinions

1 Écoute. Qui parle? (1–8)

Exemple: **1** Irina

> Quelle musique écoutes-tu?

J'écoute du R'n'B. **Aurore**

J'écoute du pop-rock. **Simon**

J'aime la musique de Usher. **Marie**

J'écoute du rap. **Yann**

J'écoute de la musique classique. **Flavie**

Je n'aime pas la musique de Alicia Keys. **Esteban**

J'écoute du jazz. **Irina**

J'écoute beaucoup d'artistes différents. **Abdel**

2 Fais un sondage en classe.

- Quelle musique écoutes-tu?
- J'écoute …

prénom	musique
Josh	rap

 Try to make your accent sound French when you are talking about these different types of music.

3 Lis les textes. Trouve l'équivalent des expressions en anglais.

Coralie	Ma chanteuse préférée, c'est Rihanna. J'adore la chanson *Umbrella*, elle est géniale.
Pauline	Mon groupe préféré, c'est JLS. J'adore les mélodies.
Lucas	Moi, je n'aime pas la musique de Radiohead parce que c'est triste. Je n'aime pas les paroles.
Camille	J'écoute beaucoup d'artistes différents. Mon chanteur préféré, c'est Justin Bieber.

1 My favourite group is …
2 My favourite female singer is …
3 My favourite male singer is …
4 I don't like the words.
5 I love the song …
6 I love the tunes.
7 I listen to lots of different artists.
8 it's sad

4 Écoute et complète le texte pour Élisa.

Moi, j'écoute du **1** ___ et du **2** ___.
Mon **3** ___ préféré, c'est Jay Sean.
J'aime aussi **4** ___ de Mary J Blige.
C'est **5** ___.

Élisa

5 **Lis le texte. Quelles sont les <u>trois</u> phrases correctes?**

Moi, j'écoute de la musique tout le temps. La musique, c'est ma passion. J'écoute du rock et du rap. Je télécharge beaucoup de musique et j'écoute beaucoup d'artistes différents. Je joue de la guitare et avec mes copains, on a un groupe. C'est génial.

La musique, c'est important pour moi. Quand je suis triste, j'écoute de la musique. Quand je sors avec mes amis, on écoute de la musique et on s'amuse bien! On rigole!

1 Valentin écoute de la musique le weekend.
2 Valentin aime le rock.
3 Valentin n'aime pas le rap.
4 Valentin joue dans un groupe avec ses parents.
5 Valentin écoute beaucoup d'artistes différents.
6 La musique, c'est important pour Valentin.

6 **Quelle musique écoutes-tu? Écris un paragraphe.**

J'écoute du … et du ……
Mon chanteur préféré, c'est …
Ma chanteuse préférée, c'est …
Mon groupe préféré, c'est …
J'aime aussi la musique de … C'est …
Mais je n'aime pas la musique de … C'est …

Studio Grammaire

Learn the irregular verb *venir* by heart.

venir (to come)

je viens	I come
tu viens	you come
il/elle vient	he/she comes
on vient	we come

7 **Écoute et chante la chanson.**

Veux-tu venir (x 2)
Au concert? (x 2)

Qui vient avec nous? (x 2)
Qui c'est qui joue? (x 2)

Mon frère vient.
Ton frère vient?
Ma sœur aussi.
Ta sœur aussi?

C'est ma chanteuse
préférée (x 2)
Beyoncé. (x 2)

Tes parents viennent? (x 2)
Mais non, tu rigoles! (x 2)

Ça coûte combien? (x 2)
Je t'invite, donc rien! (x 2)

Alors, je viens. (x 2)
Ça va être bien! (x 2)

Talking about clothes
Using the near future tense

1 **Fais correspondre les vêtements et les images.**
Match the clothes and the pictures.

un sweat à capuche orange
un jean
un pantalon vert kaki
un pull beige
une jupe marron
une chemise bleue
une veste noire
des baskets blanches
des bottes noires
des chaussures de skate

a b c

d e f g

h i j

2 **Écoute et écris les lettres des vêtements mentionnés. (1–6)**
Exemple: **1** d, e

3 **Qu'est-ce que tu vas porter à la fête? Choisis trois vêtements. Ensuite, fais un sondage.**
What are you going to wear to the party? Choose three items of clothing. Then do a survey.

● *Qu'est-ce que tu vas porter à la fête?*
■ *Je vais porter …*

prénom	vêtements
James	chemise blanche, pantalon marron

Studio Grammaire
Page 62

With items of clothing, make sure you check your adjective endings!

singular		plural	
masculine	feminine	masculine	feminine
un jean	une veste	des pulls	des baskets
vert	vert**e**	vert**s**	vert**es**
blanc	blanc**he**	blanc**s**	blanch**es**

marron (brown) never changes!

Écoute. Copie et remplis le tableau en anglais. (1–4)

	Going to do?	Going to wear?
1 Coline	camping	jeans, …
2 Akai		
3 Mélanie		
4 Arthur		

Studio Grammaire

Page 63

You use the near future tense to talk about what you are going to do.

je vais porter	I am going to wear
tu vas porter	you are going to wear
il/elle va porter	he/she is going to wear
on va porter	we are going to wear

Qui va porter quoi? Fais un choix logique.

Who is going to wear what? Make a logical choice.

Talia   Ce weekend, je vais manger au restaurant …

Renaud   Ce weekend, on va aller à un mariage …

Nicolette   Ce weekend, on va faire du vélo …

a   … alors, je vais porter un pantalon noir, une chemise blanche, une veste, des chaussures noires et une cravate.

b   … alors, je vais porter un short bleu marine, un tee-shirt rouge et des baskets.

c   … alors, je vais porter une jupe bleu turquoise, des bottes noires et une veste noire.

Ouah! T'es chic! En tandem, fais des conversations.

● *Qu'est-ce que tu vas faire, ce weekend? Qu'est-ce que tu vas porter?*

■ *Ce weekend, je vais …, alors, je vais porter …*

 *Small words like **alors** (so) can make your French sound a lot more sophisticated.*

This is a very useful connective. Use it whenever you can.

1 manger au restaurant

2

aller en ville

3 jouer au foot

4 faire du camping

5 aller au cinéma

6
faire de la rando

Écris ton blog. Qu'est-ce que tu vas faire et qu'est-ce que tu vas porter, ce weekend?

• *Ce weekend, je vais aller/faire/manger …*
• *Alors, je vais porter …*

Le weekend dernier

- Talking about last weekend
- Using the perfect tense

1 Écoute et lis le texte.

Salut! Je m'appelle Clarisse et j'habite à Fontainebleau. Je suis drôle et intelligente et je suis fan de foot! Le foot, c'est ma passion. Mon équipe, c'est le PSG. Mon frère Rémy est très sympa. En général, on s'entend bien et normalement, on regarde les matchs de foot ensemble.

Hier soir, j'ai regardé un match de foot international à la télé. J'ai mangé du popcorn, comme d'hab.

Le weekend dernier, je suis allée au Parc des Princes où j'ai regardé le PSG contre Auxerre. J'ai aimé le match parce qu'il y a eu deux pénalties. Après le match, je suis allée au café où j'ai mangé un sandwich.

mon équipe	my team
hier soir	yesterday evening
comme d'hab	as usual
le weekend dernier	last weekend
où	where

> Accents can change the meaning of a word. Check your written work to make sure you include them.
> **ou** or **où** where **a** has **à** at/to

2 Relis le texte et mets les images dans le bon ordre.

a

b

c

d

e

3 Trouve l'équivalent des expressions en anglais dans le texte.

1 I watched 2 I went 3 I ate 4 I liked

4 En tandem. Lis le texte à voix haute. Commente la prononciation de ton/ta camarade.

> Make sure you pronounce the acute accent **é** when you are using the perfect tense.
> **j'ai regardé je suis allé**

Studio Grammaire

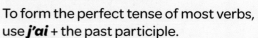
Page 63

To form the perfect tense of most verbs, use **j'ai** + the past participle.

j'ai regardé	I watched
j'ai aimé	I liked
j'ai mangé	I ate

To form the perfect tense of the verb **aller**, use **je suis** + the past participle.

je suis allé(e)   I went

(Add an extra **–e** if you are a girl.)

Écoute et choisis la bonne réponse pour Lucas.

1 Coucou! Je m'appelle Lucas et je suis fan de science-fiction/musique.

2 Hier soir, j'ai regardé une émission de sport/musique à la télé.

3 J'ai téléchargé le nouvel album de Usher/Beyoncé.

4 Le weekend dernier, je suis allé à Paris Bercy où j'ai vu un concert/un match de foot.

5 J'ai joué au ping-pong/chanté et j'ai dansé.

6 Après le concert, je suis allé au restaurant où j'ai mangé des spaghettis/une pizza.

 Trouve la fin de chaque phrase. Écris des phrases complètes.

Le weekend dernier, ...

1 je suis allé au stade   **a** où j'ai mangé des frites.

2 je suis allé au parc   **b** où j'ai écouté de la musique.

3 je suis allé au café   **c** où j'ai regardé un match de foot.

4 je suis allé en ville   **d** où j'ai dansé.

5 je suis allé à un concert   **e** où j'ai joué au tennis.

6 je suis allé à la piscine   **f** où j'ai visité le musée du Louvre.

7 je suis allé à Paris   **g** où j'ai acheté un jean.

8 je suis allé à la discothèque   **h** où j'ai nagé.

 En tandem. Joue au 'bip' avec ton/ta camarade.

Exemple:

● *Le weekend dernier, je suis allé(e) **BIP** où j'ai dansé.*

■ *à la discothèque!*

 Écris ton blog. Présente-toi et décris ton weekend.

Write your blog. Introduce yourself and describe your weekend.

- Give your name and two adjectives to describe yourself.
- Say what you are a fan of.
- Say where you went yesterday evening.
- Say what you did there.
- Say where you went last weekend.
- Say what you did there.

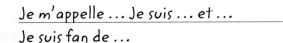

Je m'appelle ... Je suis ... et ...
Je suis fan de ...
Hier soir, je suis allé(e) ...
où j'ai ...
Le weekend dernier, je suis allé(e) ...
où j'ai ...

Bilan

Unité 1

I can

- talk about personality: *Je suis intelligent(e) et drôle.*
- use qualifiers: *Je suis très sympa. Je suis un peu égoïste.*
- describe my best friend: *Mon meilleur ami est timide et intelligent.*
       Ma meilleur amie est timide et intelligente.
- ☐ understand adjectival agreement: *Je suis sportif. Je suis sportive.*
- ☐ use connectives: *Je suis paresseux et patient, mais je ne*
       suis pas pénible.

Unité 2

I can

- talk about what I do with my friends: *On joue à des jeux vidéo. On va en ville.*
- say what I talk about with my friends: *On parle de sport. On parle de mode.*
- ☐ use *on*:   *On regarde des DVD. On rigole.*
- ☐ use *si* and *quand*:   *S'il fait beau, on va au parc.*
       Quand il pleut, on joue au ping-pong.

Unité 3

I can

- say what music I listen to: *J'écoute du R'n'B. J'écoute du rap.*
- say who my favourite singer is: *Mon chanteur préféré, c'est Justin Bieber.*
       Ma chanteuse préférée, c'est Beyoncé.
- ☐ use the present tense of *venir*:   *je viens, tu viens, il vient, elle vient, on vient*

Unité 4

I can

- say what I am going to wear: *Je vais porter un jean et une chemise bleue.*
- say what I am going to do: *Je vais aller au cinéma.*
- ask someone what they are going   *Qu'est-ce que tu vas porter à la fête?*
  to wear:
- ☐ make adjectives agree: *Je vais porter des baskets blanches.*
- ☐ use the near future tense: *Qu'est-ce que tu vas faire?*
       Je vais faire du camping.

Unité 5

I can

- talk about where I went last weekend: *Le weekend dernier, je suis allé(e) au*
       Parc des Princes.
- ☐ use *où* as a connective: *Je suis allé(e) au restaurant où j'ai mangé*
       des spaghettis.
- ☐ use the verb *aller* in the perfect tense: *je suis allé, je suis allée*

Écoute. C'est vrai (✓) ou faux (✗)? (1–6)

1 Yara est un peu paresseuse.
2 Yoni n'est pas timide.
3 Malika est très intelligente et elle est aussi assez sympa.
4 Antoine est très sportif et il est aussi assez intelligent.
5 Dimitri est pénible et il est aussi assez égoïste.
6 Morgane n'est pas paresseuse, mais elle est un peu pénible.

En tandem. Fais des dialogues. Utilise les images.

● *Qu'est-ce que tu vas faire, ce weekend? Qu'est-ce que tu vas porter?*

■ *Ce weekend, je vais …, alors, je vais porter …*

1 faire du bowling

2 jouer au babyfoot

3 faire une promenade en barque

4 aller au parc d'attractions

Lis l'e-mail de Jordy et choisis la bonne réponse.

Moi, j'adore la musique. J'écoute du métal, du jazz, du pop-rock. Mais je n'aime pas beaucoup la musique classique. Je joue de la guitare dans un groupe. J'aime ça.

Mon frère s'appelle Frank. Il joue aussi dans le groupe. Il est sympa et très drôle.

On écoute de la musique ensemble et on va à des concerts quand on peut.

S'il fait beau, on joue dans le parc. C'est génial!

On parle de sport et de musique. On s'entend bien en général.

Jordy

1 Jordy adore/n'aime pas la musique classique.
2 Jordy joue de la guitare/de la batterie.
3 Frank joue au volley/dans le groupe avec Jordy.
4 Frank est sympa/pénible.
5 Jordy s'entend bien/ne s'entend pas bien avec son frère.

Écris un paragraphe sur ton meilleur ami/ta meilleure amie.

• Say what your best friend is like.
• Say what activities you do together in nice weather.
• Say what you do together when it rains.
• Say what you talk about.

Mon meilleur ami / Ma meilleure
amie est très … et assez…
Il / Elle n'est pas…
Quand il fait beau, …
Quand il pleut, …
On parle de …

1 Écoute et lis les textes.

A

L'Alsace

L'Alsace est située dans le nord-est de la France.

En Alsace, on parle l'alsacien.

Le plat typique, c'est la choucroute.

Un événement traditionnel alsacien, c'est les marchés de Noël. C'est joli. On peut acheter des cadeaux ou des décorations.

Le symbole de la région, c'est la cigogne.

B

La Bretagne

La Bretagne est située dans l'ouest de la France.

En Bretagne, on parle le breton.

Les plats typiques, ce sont les crêpes et les galettes. Miam-miam!

En Bretagne, un événement traditionnel, c'est le fest-noz. C'est une sorte de soirée dansante.

Le symbole de la région, c'est l'hermine.

2 Copie et remplis les cartes d'identité en anglais.

A

L'Alsace

Location: *north-east France*

Language: ....

Typical dish: *sauerkraut*

Traditional event: ....

Symbol of the region: ....

B

La Bretagne

Location: ....

Language: ....

Typical dish: ....

Traditional event: *fest-noz, a sort of dance*

Symbol of the region: ....

3 Lis le texte et complète les phrases en anglais.

| **Dommage!** | *What a pity!* |

L'année dernière, au mois de décembre, j'ai visité l'Alsace. Je suis allée à un marché de Noël où j'ai acheté des décorations et des cadeaux pour ma famille. J'ai mangé une choucroute au restaurant. La choucroute, c'est le plat typique de la région. C'était délicieux! J'ai vu beaucoup de choses en Alsace, mais je n'ai pas vu de cigognes. Dommage! La cigogne est le symbole de la région.

Talia

1 Talia visited Alsace in ▉▉.
2 At the Christmas market, she ▉▉.
3 At the restaurant, she ate ▉▉.
4 She saw ▉▉.
5 Unfortunately, she didn't see ▉▉.

This reading passage is in the perfect tense, but don't worry – the questions give you big clues about where to look for the answers. Always make an intelligent guess if you don't know.

En tandem. A choisit le Pays basque, B choisit la Haute-Savoie. Prépare un exposé oral.

Le Pays basque

situé:	dans le sud-ouest de la France	
la langue:	le basque	
le plat typique:	la piperade	
un événement traditionnel:	la corrida	
le symbole de la région:	la croix basque	

La Haute-Savoie

située:	dans l'est de la France
la langue:	le savoyard
le plat typique:	la fondue savoyarde
un événement traditionnel:	le feu d'artifice du 15 août
le symbole de la région:	le blason savoyard

Le Pays basque est situé dans …
Au Pays basque, on parle …
Le plat typique, c'est …
Au Pays basque, … est un événement traditionnel.
Le symbole de la région, c'est …

La Haute-Savoie est située dans …
En Haute-Savoie, on parle …
Le plat typique, c'est …
En Haute-Savoie, … est un événement traditionnel.
Le symbole de la région, c'est …

When your partner has finished their presentation, award them one star, two stars or three stars for each of these categories:
- Pronunciation
- Confidence and fluency

Use phrases like: *Bravo! Super! Intéressant! Pas mal!*
Try to make two general comments and one constructive criticism.

 Écris ta présentation sur le Pays basque ou la Haute-Savoie.

To learn your presentation, make some prompt cards where you note the key words of your sentences.

- *Check your spellings.*
- *Check all your accents are in the right places.*
- *Make sure your punctuation is correct.*

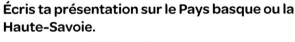

La Bretagne
L'Alsace
La Haute-Savoie
le Pays basque

Studio Grammaire

Adjectives

Make your adjectives agree with the person or thing they describe.

Many adjectives add **–e** in the feminine form and **–s** in the plural.

masculine | feminine | masculine plural | feminine plural
intelligent | *intelligen**te*** | *intelligent**s*** | *intelligen**tes***

If the adjective ends in **–e** already, you don't need to add an extra **–e** to the feminine form.

Simon est drôle. Lara est drôle.

Some adjectives follow a different pattern.

*sport**if**/sport**ive***   *paress**eux**/paress**euse***

Some adjectives for colours are invariable – that means they don't change, e.g. *marron*.

une jupe marron

1   Unjumble the adjectives and copy out the phrases.
  1 *une jupe eeubl*
  2 *un tee-shirt rtev*
  3 *une veste neauj*
  4 *un jean nclab*
  5 *des bottes eniors*
  6 *des baskets lbancseh*

2   Choose the correct adjective to complete each sentence.
  1 *Il est sportif/sportive.*
  2 *Elle est patient/patiente.*
  3 *Il est intelligent/intelligente.*
  4 *Elle est sympa/sympas.*
  5 *Il est paresseux/paresseuse.*

3   Write the correct form of the adjectives in brackets.

> Je vais porter une chemise ❶ (*noir*), un jean ❷ (*bleu*), une veste ❸ (*vert*) et des baskets ❹ (*blanc*). Ma copine Céline est très ❺ (*intelligent*). Elle va venir avec moi. Elle va porter une jupe ❻ (*bleu*), un pull ❼ (*rose*) et des bottes ❽ (*marron*). Ça va être super!

4   Write your own rule to explain how adjectives work.

Possessive adjectives

Possessive adjectives are the words for 'my' and 'your'. They change according to whether the noun they refer to is masculine, feminine or plural.

	masculine	feminine	plural
my	**mon** *père*	**ma** *mère*	**mes** *parents*
your	**ton** *père*	**ta** *mère*	**tes** *parents*

5   Choose the correct possessive adjective, then translate the sentences into English.
  1 *Mon/Ma meilleur ami est sympa.*
  2 *Mon/Ma meilleure amie est intelligente.*
  3 *Mon/Ma frère s'appelle Alex.*
  4 *Mon/Ma sœur est paresseuse.*
  5 *Comment s'appelle ton/ta sœur?*
  6 *Avec mon/mes copains, on regarde des DVD.*

The near future tense

You use the verb *aller* (to go) plus an infinitive to say what you are going to do. This is called the near future tense.

je vais porter	I am going to wear	*il/elle va regarder*	he/she is going to watch
tu vas manger	you are going to eat	*on va jouer*	we are going to play

6 Choose the correct form of the near future tense to fill in the gaps.

Ce weekend, **①** je va faire/je vais faire du shopping avec mes copines et le soir, **②** je vas manger/je vais manger au restaurant.
Le dimanche, **③** je vais aller/je va aller au cinéma avec ma famille. **④** Je vais porter/Je vas porter ma jupe bleue. Et toi, qu'est-ce que **⑤** tu vais faire/tu vas faire?

7 Unjumble these sentences and write them out.
1 faire, Qu'est-ce vas weekend? ce tu que
2 vais au restaurant. je weekend, Ce manger
3 je camping. vais weekend, Ce faire du
4 porter? Qu'est-ce vas que tu
5 jean. je vais weekend, porter un Ce
6 Ce je faire vais weekend, la de rando, alors, vais je un short. porter

The perfect tense with *avoir*

The perfect tense is used to talk about the past. To talk about things you have done in the past, use **j'ai** plus the past participle.

j'ai joué	I played	*j'ai regardé*	I watched	*j'ai mangé*	I ate

8 Which three sentences are correct? Correct the two sentences that are wrong.
1 J'ai joué au foot dans le parc.
2 J'ai regarde des DVD.
3 Je joué au volley avec mes copains.
4 J'ai aimé le film.
5 J'ai mangé du popcorn.

The perfect tense with *être*

To form the perfect tense of the verb **aller**, you use **je suis** (instead of *j'ai*) plus the past participle.
If you are a boy, you say:
je suis allé   I went

If you are a girl, there is an extra **–e** on the past participle:
je suis allée   I went

9 Find the five sentences in this word snake.

Hiersoir,jesuisalléeenville.Leweekenddernier,jesuisalléauparc.Ensuite,jesuisalléaucinéma.Puisjesuisalléaurestaurant.Finalement,jesuisalléaulit.

10 Translate these sentences into French.
1 I ate a pizza.
2 I went into town.
3 I watched a film.
4 I played table tennis.
5 I went to the cinema.

Vocabulaire

Mon caractère • *My character*

Je suis …	*I am …*
Tu es …	*You are …*
Il est …	*He is …*
Elle est …	*She is …*
Je ne suis pas …	*I'm not …*
drôle	*funny*
égoïste	*selfish*
intelligent(e)	*intelligent*
paresseux/paresseuse	*lazy*
patient(e)	*patient*
pénible	*annoying*
sportif/sportive	*sporty*
sympa	*nice*
timide	*shy*
mon frère	*my brother*
ma sœur	*my sister*
mes parents	*my parents*
mon meilleur ami	*my best friend (male)*
ma meilleure amie	*my best friend (female)*

Ma bande de copains • *My group of friends*

Tu fais quoi avec tes copains/copines?	*What do you do with your friends?*
On écoute de la musique.	*We listen to music.*
On joue à des jeux vidéo.	*We play video games.*
On va en ville.	*We go into town.*
On fait du shopping.	*We go shopping.*
On rigole.	*We have fun.*
Tu parles de quoi avec tes copains?	*What do you talk about with your friends?*
On parle de sport.	*We talk about sport.*
On parle de mode.	*We talk about fashion.*
On parle de films.	*We talk about films.*
Je fais beaucoup de choses.	*I do lots of things.*
On s'entend très bien.	*We get on very well.*

La musique • *Music*

Quelle musique écoutes-tu?	*What music do you listen to?*
J'écoute du R'n'B.	*I listen to R'n'B.*
J'écoute du rap.	*I listen to rap.*
J'écoute du jazz.	*I listen to jazz.*
J'écoute du pop-rock.	*I listen to pop.*
J'écoute de la musique classique.	*I listen to classical music.*
J'écoute beaucoup d'artistes différents.	*I listen to lots of different artists.*
J'aime la musique de X.	*I like X's music.*
Je n'aime pas la musique de X.	*I don't like X's music.*
Mon groupe préféré, c'est …	*My favourite group is …*
Mon chanteur préféré, c'est …	*My favourite (male) singer is …*
Ma chanteuse préférée, c'est …	*My favourite (female) singer is …*
J'adore la chanson …	*I love the song …*
les mélodies	*the tunes*
les paroles	*the words*

Les vêtements • *Clothes*

Qu'est-ce que tu vas porter à la fête?	*What are you going to wear to the party?*
Je vais porter …	*I'm going to wear …*
des baskets	*trainers*
des bottes	*boots*
des chaussures (de skate)	*(skater) shoes*
une chemise	*a shirt*
un jean	*jeans*
une jupe	*a skirt*
un pantalon	*trousers*
un pull	*a jumper*
un sweat à capuche	*a hoodie*
un tee-shirt	*a T-shirt*
une veste	*a jacket*
les vêtements	*clothes*

Les couleurs • *Colours*

beige	*beige*
blanc(he)	*white*
bleu(e)	*blue*
marron	*brown*
noir(e)	*black*
orange	*orange*
vert kaki	*khaki*

Ce weekend • *This weekend*

Ce weekend, je vais ...	*This weekend I'm going ...*
manger au restaurant	*to eat in a restaurant*
aller en ville	*to go into town*
jouer au foot	*to play football*
faire du camping	*to go camping*
aller au cinéma	*to go to the cinema*
faire de la rando	*to go hiking*

Le weekend dernier • *Last weekend*

je suis allé(e) au stade	*I went to the stadium*
je suis allé(e) au parc	*I went to the park*
je suis allé(e) au café	*I went to the café*
je suis allé(e) en ville	*I went into town*
je suis allé(e) à un concert	*I went to a concert*
je suis allé(e) à la piscine	*I went to the swimming pool*
je suis allé(e) à Paris	*I went to Paris*
je suis allé(e) à la discothèque	*I went to the disco*
j'ai mangé des frites	*I ate chips*
j'ai écouté de la musique	*I listened to music*
j'ai regardé un match de foot	*I watched a football match*
j'ai dansé	*I danced*
j'ai joué au tennis	*I played tennis*
j'ai visité le musée du Louvre	*I visited the Louvre museum*
j'ai acheté un jean	*I bought a pair of jeans*
j'ai nagé	*I swam*

Les mots essentiels • *High-frequency words*

alors	*so*
avec	*with*
bien	*well*
comme d'hab	*as usual*
en général	*in general*
ensemble	*together*
ouah!	*wow!*
où	*where*
ou	*or*
si	*if*
tout(e)	*all, every*
tout le temps	*all the time*
vraiment	*really*

Stratégie 3

Faux amis

In *Studio 1* you learned how to use cognates and near-cognates to help you work out the meaning of French words. These are words that are spelled exactly the same or nearly the same as English words and have the same meaning as in English. But you must be careful – there are some French words that are spelled the same or nearly the same as English words that mean something completely different. These are known as **faux amis** (false friends).

Look at the word lists on these pages. What do these French words mean in English?

fête   porter   veste

Now look at the word lists again and find one piece of clothing and one type of shoe which are also *faux amis*.

Turn to page 126 to remind yourself of the *Stratégies* you learned in *Studio 1*.

Module 4 Chez moi, chez toi

People's homes look very different in various parts of the French-speaking world. Which of these would you like to live in and why? Why do you think many French houses have shutters on the windows?

Apartments in Paris

A chalet in the French Alps

A cabin in Île de la Réunion, in the Indian Ocean

A troglodyte dwelling in Tunisia

French people don't eat snails and frogs' legs all the time! You can buy snails in some restaurants – but remember that you can buy things like cockles and whelks in Britain. Frogs' legs are a delicacy and most French people have never tried them.

Bread is very important in France. Even small villages often have a *boulangerie* (baker's shop). French people like to buy a fresh *baguette* or another type of loaf every day. Have you ever tried French bread?

The French love pancakes! They even have special restaurants, called *crêperies*, which serve only pancakes (savoury and sweet). It is traditional to drink cider (*du cidre*) with pancakes – if you're old enough! What would be your dream pancake filling?

Mardi Gras in February is carnival time. The most famous French carnival is in Nice, and it goes on for two weeks. It includes a parade with lots of floats carrying moving figures with huge heads. There is also a flower battle, in which flowers are thrown at the spectators! Do you know of any other famous carnivals around the world?

FRANCE

Nice

Là où j'habite

● Saying where you would like to live
● Using j'habite and je voudrais habiter

1 Écoute. C'est qui? (1–6)

Exemple: **1** Éva

Où habites-tu?

J'habite ...

Mathieu

dans un petit appartement

Jamel

dans une petite maison

Tristan

dans un petit village

Cassandra

dans un grand appartement

Éva

dans une grande maison

Malika

dans une grande ville

2 Associe les images aux phrases.

Exemple: **1** b

1 *Je voudrais habiter à la campagne.*

2 *Je voudrais habiter à la montagne.*

3 *Je voudrais habiter au bord de la mer.*

4 *Je voudrais habiter dans un vieux château.*

5 *Je voudrais habiter dans une vieille chaumière.*

6 *Je voudrais habiter dans une ferme.*

Studio Grammaire » Page 82

| J'habite ... | I live ... |
| Je voudrais habiter ... | I would like to live ... |

a

b

c

d

e

f

3 Écoute et remplis le tableau en anglais. (1–5)

Exemple:

	lives in ...	would like to live ...
1	a big house	in the mountains

| **vieux** | old (masculine) |
| **vieille** | old (feminine) |

**En tandem. Fais des dialogues.
Change les phrases soulignées.**

Exemple:

● *Où habites-tu?*

■ *J'habite <u>dans une petite maison dans une grande ville</u>.*

● *Où voudrais-tu habiter?*

■ *Je voudrais habiter <u>dans un vieux château</u>.*

*–ieu is pronounced 'ee-yeuh' (e.g. **vieux**)*

*–ieil is pronounced 'ee-yay' (e.g. **vieille**)*

 **Où habites-tu? Où voudrais-tu habiter?
Utilise le texte comme modèle.**

Exemple:

*J'habite <u>dans une petite maison</u> <u>à la campagne</u>.
Mais je **voudrais habiter** <u>dans un grand
appartement au bord de la mer</u>.*

 Lis les textes. C'est qui? Utilise le Mini-dictionnaire si nécessaire.

1
Elle habite dans un grand palais, à Londres, mais elle a aussi deux châteaux, à Windsor, en Angleterre et à Balmoral, en Écosse. Elle est très riche!

2
Quand il n'est pas au collège, il habite dans une assez petite maison avec son oncle, sa tante et son horrible cousin. Il déteste habiter là.

3
Elle habite dans une maison moderne, dans une grande ville. Elle habite avec ses parents, son frère et sa petite sœur. Elle est assez intelligente et elle joue du saxophone.

4
Au début du film, il habite dans une grotte dans un marais! Mais plus tard, il habite avec une princesse dans un vieux château. Il est très grand ... et vert!

5
Elle est belle et elle habite avec sept petits hommes, dans une vieille chaumière, dans une grande forêt. Elle adore habiter là.

 Choisis une célébrité ou un personnage. Écris des phrases pour décrire où il/elle habite.

Choose a celebrity or a character. Write sentences to describe where he/she lives.

Exemple:

Elle habite dans une petite maison sur Albert Square. Elle habite avec ...

 Lis ta description à ton/ta camarade. Il/Elle devine qui c'est.

Read your description to your partner. He/She guesses who it is.

◉ Describing your home
◉ Using prepositions

 Écoute et note les lettres dans le bon ordre. (1–9)

Exemple: **1** d

Chez moi, il y a ...

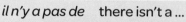

le salon

le jardin

la salle de bains

la cuisine

la salle à manger

la chambre de ma sœur

la chambre de mes parents

la chambre de mon frère

ma chambre

 En tandem. Décris ton appartement imaginaire. Ajoute une pièce à la fois.

In pairs. Describe your imaginary flat. Add one room at a time.

Exemple:

● *Chez moi, il y a la cuisine.*

■ *Chez moi, il y a la cuisine et la salle à manger.*

● *Chez moi, il y a la cuisine, la salle à manger et le salon.*

- You must say the rooms in exactly the same order as your partner!
- If you make a mistake, your partner wins one point.
- Who has the best memory?

Écris une description de ta maison/ton appartement idéal(e).

Exemple:

Chez moi, il y a dix pièces.
Il y a le salon, ...

Chez moi,	il y a		(huit) pièces.
Il y a ... Il y a aussi ...	le salon.		
	la cuisine/la salle à manger/la salle de bains.		
	(trois) chambres/ma chambre.		
	la chambre de	mon père/frère.	
		ma mère/sœur.	
		mes parents.	
	un (petit/grand) jardin une piscine un jacuzzi	devant	la maison.
		derrière	l'appartement.

4 Où est le tee-shirt? Écoute et mets les images dans le bon ordre. (1–7)

a

sur la chaise

b

sous le lit

c

dans l'armoire

d

dans la machine à laver

e

devant le canapé, sous le chat!

f

derrière le bureau

g

dans le frigo!

5 En tandem. Joue avec ton/ta camarade!

Play *Où est mon tee-shirt?*
- Copy the playing card.
- Hide three T-shirts, by putting a cross in three squares.
- Take it in turns to guess.
- A correct guess wins another turn.
- Tick the squares you have tried.
- Who can find all the other's T-shirts first?

	le bureau	le lit	le frigo	l'armoire	le chat
dans					
sur					
sous					
devant					
derrière					

Exemple:
- ● Il est sur le lit?
- ■ Non. Il est derrière le chat?
- ● Non. Il est sur le frigo?
- ■ Oui.
- ● Il est …

6 Écoute et lis la chanson.

un lit mezzanine	bed with desk underneath
à côté	in the next room
entre	between
le lavabo	wash basin
en face	opposite

Studio Grammaire

You use prepositions to describe where things are.

dans	in
devant	in front of
derrière	behind
sous	under
sur	on

Quelle pagaille!

Refrain:

Aïe! Aïe! Aïe! Quelle pagaille!
Chez nous, c'est beaucoup trop petit.
Oh! Oh! Oh! Quel chaos!
Mais on aime bien habiter ici.

Dans ma chambre minuscule, j'ai un lit mezzanine,
Avec un bureau et une chaise sous mon lit.
Mais mon armoire est à côté, dans la cuisine.
C'est un peu embarrassant quand je m'habille!

(Refrain)

Dans la salle de bains, entre la douche et les toilettes,
Il y a l'antenne pour la télé satellite.
Et la machine à laver est devant la fenêtre,
Sous le lavabo car la cuisine est trop petite!

(Refrain)

Dans le salon, il y a très peu de place
Pour nous sur notre petit canapé.
Je ne suis pas contente car le frigo est en face
Et je ne peux pas voir l'écran de la télé!

(Refrain)

7 Chante la chanson!

○ Talking about meals
○ Using du, de la, de l', des

1 Copie le bon mot pour chaque numéro.

Le petit déjeuner français

Qu'est-ce que tu prends pour le petit déjeuner?	
Pour le petit déjeuner, je prends …	
du beurre	de la confiture
du café	des céréales
du chocolat chaud	
du jus d'orange	
du lait	une tartine
du pain	
du thé	

Look for:
- cognates or near-cognates (**chocolat**, **orange**, **céréales**)
- other words which give you a clue (**thé**, **beurre**).

Look up any words you are unsure of in the Mini-dictionnaire.

Studio Grammaire

Page 82

The word for 'some' changes depending on the noun that follows it.

singular			plural
masculine	feminine	in front of a vowel sound	
du pain	**de la** confiture	**de l'**eau	**des** céréales

You often have to use *du, de la*, etc. where you could miss out 'some' in English.

*Pour le petit déjeuner, je mange **du** pain avec **de la** confiture.*

For breakfast, I eat (some) bread with (some) jam.

2 Écoute et note les bons numéros pour chaque personne. (1–4)

Exemple: Charlotte: 10, …

Charlotte   Tariq   Irina   Maxime

d'habitude/normalement	usually
avec	with
Je ne mange rien.	I don't eat anything.

3 Fais un sondage en classe.

Exemple:

● *Qu'est-ce que tu prends pour le petit déjeuner?*
■ *D'habitude,/Normalement, je prends <u>du thé et du pain avec du beurre</u>.*

	prénom	prend …
1	Claire	thé, pain, beurre
2	Tom	…

Écoute et lis. Trouve le bon titre en anglais pour chaque texte. (A–C)

Le dîner chez moi

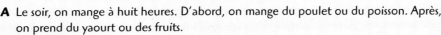

A Le soir, on mange à huit heures. D'abord, on mange du poulet ou du poisson. Après, on prend du yaourt ou des fruits.
Damien

B Chez moi, on mange à sept heures et demie. Je ne mange pas de viande parce que je suis végétarienne. Mon frère aussi est végétarien. Mon plat préféré, c'est les pâtes à la sauce tomate. Comme dessert, je prends une mousse au chocolat.
Ophélie

C Dans ma famille, on mange à sept heures. D'habitude, on mange à table dans la cuisine. Mais le samedi soir, on mange devant la télé dans le salon. On prend des plats à emporter, de la pizza, par exemple. Après, on mange de la glace. J'adore la glace à la fraise!
Flavie

1 Saturday night is takeaway night!

de la viande	meat
des plats à emporter	takeaway food

2 Dinner at eight!   **3** No meat for me, thanks!

Trouve le bon texte pour chaque photo.

Exemple: **1** C

Écris le bon mot pour chaque photo. Utilise *du*, *de la* ou *des*.

Exemple: **1** de la pizza

Qu'est-ce que tu prends pour le petit déjeuner? Et pour le dîner? Écris un paragraphe.

Normalement, D'habitude,	pour le petit déjeuner, je prends	du/de la/de l'/des …	
	le soir, on mange à	six heures sept heures huit heures	et quart. et demie. moins le quart.
D'abord, Ensuite, Après, Comme dessert,	je prends on prend	du/de la/de l'/des …	
		un/une …	

Can you use any of these phrases from the texts?

Je suis végétarien/végétarienne.

Mon plat préféré, c'est le/la/l'/les …

On mange à table/devant la télé.

En France

French people often buy *croissants* or *pains au chocolat* (pastries with bits of chocolate in them) for breakfast.

4 C'est la Chandeleur!

1 Écoute. Ils préfèrent quelle sorte de crêpes? Écris la bonne lettre. (1–4)

Listen. What sort of pancake do they prefer? Write the correct letter.

Exemple: **1** c

a
les crêpes jambon-fromage

b
les crêpes aux fraises

c
les crêpes banane-chocolat

d
les crêpes aux pommes

2 En tandem. Tu préfères quelle sorte de crêpes? Discute avec ton/ta camarade.

● Tu aimes quelle sorte de crêpes?

■ Moi, j'aime les crêpes *aux fraises.* Et toi?

● Moi aussi, j'adore *les fraises.*/ Ah, non! Je déteste *les fraises.* Je préfère les crêpes …

Ah, oui! Miam-miam!	J'aime J'adore	le chocolat/le fromage/ le jambon.
Ah, non! Beurk!	Je n'aime pas Je déteste	les bananes/les fraises/ les pommes.
Je préfère	les crêpes	jambon-fromage/ banane-chocolat.
		aux fraises/aux pommes.

3 Qu'est-ce qu'il faut acheter pour les crêpes? Écoute et écris les lettres dans le bon ordre. (1– 8)

What do we need to buy for the pancakes? Listen and write the letters in the correct order.

Exemple: **1** e

a  un kilo de bananes

b  250 grammes de fromage

c  un litre de lait

d quatre tranches de jambon

e un paquet de farine

f  une tablette de chocolat

g  une bombe de crème Chantilly

h 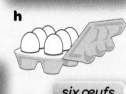 six œufs

Studio Grammaire
» Page 83

il faut means 'you need to' or 'we need to'. It is normally followed by an infinitive.

Il faut acheter du lait.	You/We need to buy some milk.
Il faut aller au supermarché.	You/We need to go to the supermarket.

En France

In France, the 2nd of February is **la Chandeleur**, or pancake day. The tradition is to hold a coin in your left hand, while tossing a pancake with the other. If you catch the **crêpe** in the pan, you will enjoy happiness and prosperity for the rest of the year!

En secret! Invente une crêpe bizarre! Écris la liste des ingrédients.

Exemple:

> un kilo de poisson
> 250 grammes de fraises
> un litre de lait

- You must use flour, milk and eggs for the pancake batter, but you can add any weird filling you like!
- Try to stick to vocabulary you know.

En tandem. Lis ta liste à voix haute. Ton/Ta camarade note les ingrédients. Après, il/elle devine: c'est quelle sorte de crêpe?

In pairs. Read your list aloud. Your partner notes down the ingredients. Afterwards, he/she guesses: what sort of pancake is it?

Exemple:

● *Qu'est-ce qu'il faut acheter pour les crêpes?*

■ *Il faut acheter <u>un kilo de poisson</u> ...
<u>une tablette de chocolat</u> ...
(etc.)
Alors, c'est quelle sorte de crêpe?*

Studio Grammaire

You use *de* after quantities and containers.

un kilo de pommes	a kilo of apples
un paquet de chips	a packet of crisps

● *C'est une crêpe poisson-chocolat?*

■ *Oui!*

● *Beurk!/Miam-miam!*

Lis les textes et réponds aux questions. C'est Adrien ou Dalila?

Demain, c'est la Chandeleur! Tu es invité(e) à manger chez moi à 19h30. (Le chef, c'est moi!) Si tu n'aimes pas les crêpes, il faut acheter des plats à emporter! Après, on peut écouter de la musique, mais il faut apporter des CD. À demain!
Adrien

Qu'est-ce que tu fais pour la Chandeleur? Tu veux manger au restaurant à midi? Il y a une bonne crêperie en face de la gare. Il faut prendre le bus numéro 7. Après, on peut faire les magasins, alors il faut apporter de l'argent!
Dalila

apporter	to bring

Who ...
1 is inviting you to eat at his/her home?
2 is inviting you to eat in the evening?
3 tells you how to get there?
4 wants you to bring some music to listen to?
5 tells you to bring some money with you?
6 tells you to buy a takeaway if you don't like pancakes?

Écris un e-mail. Invite un copain/une copine à manger.

- Say where you are inviting them to.
- Say when (today? tomorrow? at what time?).
- Say what you can do afterwards.
- Tell them what to bring with them.

Tu es invité(e) à manger	*chez moi au restaurant au MacDo*	*à midi.*	
		demain à midi.	
		ce soir demain soir	*à 19h00/ à 19h30.*
Après, on peut	*aller au cinéma.*		
	faire les magasins/de la natation.		
	regarder la télé.		
	écouter de la musique.		
	jouer sur ma Playstation/au foot.		
Il faut apporter	*de l'argent/un DVD/des jeux de console/ ton maillot de bains/des CD/ un ballon.*		

Écoute et lis les e-mails.

Au Carnaval de Nice: un défilé avec des chars

La semaine prochaine, je vais aller au Carnaval de Nice. Je vais regarder le défilé avec ma famille et je vais prendre des photos avec mon portable. Après, on va manger au restaurant. Je vais manger des crêpes et je vais boire un coca. Et toi, tu vas aller au carnaval?
Noëmie

Moi aussi, je vais aller au carnaval. Mais cette année, je vais participer au défilé! Le thème de notre char, c'est les films d'horreur. Alors, je vais porter un costume de vampire! Je vais chanter et danser sur le char avec mes amis. On va s'amuser! Le soir, je vais regarder le feu d'artifice avec mon frère.
Cassandra

la semaine prochaine	next week
cette année	this year
le thème de notre char	the theme of our float

Regarde les images. C'est Noëmie ou Cassandra? Écris N ou C.

Exemple: **1** N

1  **2**  **3**  **4**  **5**  **6**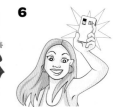

Écris une phrase pour chaque image de l'exercice 2.

Exemple: **1** Je vais regarder le défilé.

Je vais On va	aller au carnaval.
	boire un coca/une limonade.
	chanter et danser sur le char (avec mes amis).
	manger au restaurant/des crêpes/de la pizza.
	participer au défilé.
	porter un costume de vampire/pirate.
	prendre des photos (avec mon portable).
	regarder le défilé (avec ma famille/mes copains).
	regarder le feu d'artifice (avec mon frère/ ma famille).

Studio Grammaire

 Page 83

You use **aller** (to go) plus an infinitive, to say what you are going to do. This is called the near future tense.

*Je **vais aller** au carnaval.*
  I'm going to go to the carnival.
*Tu **vas participer** au défilé.*
  You're going to take part in the parade.
*Il/Elle **va chanter** et **danser**.*
  He/She's going to sing and dance.
*On **va manger** au restaurant.*
  We're going to eat in a restaurant.

Écoute et note en anglais les deux activités pour chaque personne. (1–4)

Exemple:

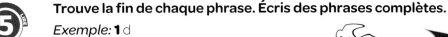

	first activity	second activity
1	watch parade	...

5 **Trouve la fin de chaque phrase. Écris des phrases complètes.**

Exemple: **1** d

À Hallowe'en, ...

1 je vais aller

2 je vais porter

3 je vais prendre

4 on va manger

5 on va boire

6 on va faire

7 on va regarder

8 on va s'

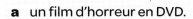

a un film d'horreur en DVD.

b des photos de mes copains.

c un costume de squelette.

d à une fête chez une copine.

e du 'trick or treat'.

f un hamburger-frites.

g amuser!

h du coca ou de l'Orangina.

> Remember, **qu** is pronounced 'k' in French. So how do you think you say **squelette**?

6 **En tandem. Choisis les images A ou B. Décris ce que tu vas faire à la fête d'Hallowe'en.**

In pairs. Choose pictures A or B. Describe what you are going to do at the Hallowe'en party.

Exemple:

● *Je vais aller à une fête d'Hallowe'en. Je vais porter ... On va manger ...*

7 **Imagine que tu vas aller à une fête d'Hallowe'en. Écris un paragraphe.**

Exemple:

> La semaine prochaine, je vais aller à une fête d'Hallowe'en chez un copain/une copine. Je vais porter un costume de ... D'abord, on va ... Ensuite/Puis/Après, on va ... Je vais m'amuser!/On va s'amuser!

> Try to include one or two words you have looked up in a dictionary (e.g. a type of costume you might wear, or something to eat or drink).

Bilan

Unité 1

I can

- describe where I live: *J'habite dans une petite maison.*
- say where I would like to live: *Je voudrais habiter au bord de la mer.*
- ☐ use *je voudrais*:   *Je voudrais habiter dans une ferme.*
- pronounce the sounds **–ieu** and **–ieil**:   *vieux, vieille*

Unité 2

I can

- describe my home: *Chez moi, il y a sept pièces.*
         Il y a le salon, la cuisine, ...
- explain where things are: *Le tee-shirt est sur la chaise.*
- name items of furniture: *le lit, l'armoire, le canapé*
- ☐ use prepositions: *dans le frigo, sous la chaise, derrière le bureau, devant la fenêtre*

Unité 3

I can

- say what I have for breakfast: *D'habitude, je prends des céréales et du thé.*
- describe mealtimes in my family: *Chez moi, on mange à sept heures et demie.*
- say what we eat in the evenings: *D'abord, on mange du poulet.*
         Comme dessert, on prend du yaourt.
- ☐ use *du, de la, des, de l'*:   *du pain, de la confiture, des pâtes, de l'eau*

Unité 4

I can

- discuss what food to buy: *Il faut acheter un paquet de farine.*
- ☐ use *il faut* + infinitive: *Il faut aller au supermarché.*
         Il faut apporter des CD.
- ☐ use *de* after quantities and containers: *250 grammes de fraises*
         une tablette de chocolat

Unité 5

I can

- talk about a forthcoming event: *La semaine prochaine, je vais aller au carnaval avec mes amis. On va regarder le défilé et je vais prendre des photos.*
- ☐ use the near future tense: *À Hallowe'en, je vais porter un costume de vampire. On va manger de la pizza et après, on va danser. On va s'amuser!*

 1 Écoute. Copie et remplis le tableau. (1–6)

Exemple:

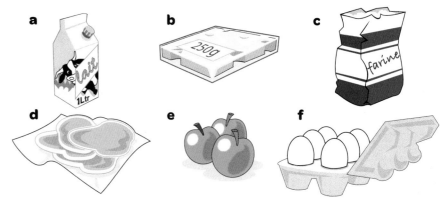

a

b

c

d

e

f

	what?	how much?
1	c	1 packet

 2 En tandem. Fais des dialogues. Change les phrases soulignées.

- ● *Qu'est-ce que tu prends pour le petit déjeuner?*
- ■ *Pour le petit déjeuner, je prends <u>du pain avec du beurre et du thé</u>.*
- ● *Tu manges à quelle heure, le soir?*
- ■ *Le soir, on mange à <u>six heures et demie</u>.*
- ● *Normalement, qu'est-ce que tu manges le soir?*
- ■ *Normalement, on mange <u>du poulet</u> et <u>une mousse au chocolat</u>.*

 3 Lis l'e-mail. Quelles sont les <u>trois</u> phrases correctes?

Salut, Nadia!

J'ai déménagé hier! J'habite maintenant dans une petite maison, dans une grande ville. C'est une maison de six pièces. Il y a un salon, une petite cuisine, trois chambres et une salle de bains, mais il n'y a pas de salle à manger.

Il y a un petit jardin derrière la maison, mais je voudrais habiter dans un vieux château avec un très grand jardin où on peut jouer au tennis.

En ce moment, c'est le chaos dans ma chambre! Mon bureau est sur le lit et ma chaise est dans l'armoire! Je dois ranger ma chambre!

À bientôt,

Yasmine

1 Yasmine now lives in a small house in a town.
2 There are seven rooms in the house.
3 There is a small dining room in the house.
4 There is a big garden behind the house.
5 She would like to live in an old castle.
6 At the moment, Yasmine's desk is on the bed.

 4 Copie et complète le texte.

Exemple:

La semaine prochaine, je vais aller au carnaval! Je vais <u>regarder le défilé</u> avec ma famille et …

La semaine prochaine, je vais aller au carnaval! Je vais **a** ▨ avec ma famille et je vais **b** ▨. Après, on va **c** ▨ au restaurant. Le soir, je vais aller à une fête. Je vais **d** ▨. Ensuite, on va **e** ▨ et on va **f** ▨. On va s'amuser!

a

b

c

d

e

f

You are going to hear someone talking about where they live. Try to predict vocabulary before every listening you do, as it prepares your brain for the types of information you are about to hear.

In your group of three, brainstorm the following in French:
- Members of the family
- Adjectives to describe a house
- Opinions
- Rooms in the house that might be mentioned
- Food that might be eaten for dinner

Now look at the questions for exercise 1 – see if they help you add anything to your lists.

Écoute. C'est vrai (✓) ou faux (✗)? (1–6)

1 Nita habite dans une grande ville.
2 Elle habite au bord de la mer.
3 Elle habite dans une sorte de bungalow.
4 Il n'y a pas de cuisine.
5 Elle a deux télés.
6 Nita mange beaucoup de poisson.

Lis les textes et réponds aux questions. Écris le bon prénom.

Je m'appelle Stella et je suis malgache. J'habite à Amborovy, un petit village de pêcheurs à Madagascar. J'adore habiter ici, mais un jour, je voudrais habiter dans une ferme.

J'habite dans une jolie maison au bord de la mer. Il y a une cuisine, un salon, des wc, une salle de bains avec une douche, trois chambres et une grande terrasse.

Le soir, on mange des crevettes et du riz, mais hier soir, on a mangé du ravitoto (c'est un ragoût de viande de porc) parce que c'était l'anniversaire de ma mère.

Une fête importante à Madagascar, c'est le nouvel an malgache, au mois de mars. On danse, on chante et on mange pendant toute la nuit!

Je m'appelle Blaise et j'habite à Ouagadougou. Ouaga, c'est une grande ville. C'est la capitale du Burkina Faso qui se trouve en Afrique de l'Ouest. Moi, j'habite dans un petit appartement. J'habite avec mon père et ma belle-mère.

Chez nous, il y a la cuisine, le salon, deux chambres et la salle de bains, mais il n'y a pas de balcon. J'aime bien habiter ici parce que c'est intéressant, mais un jour, je voudrais habiter à la campagne.

Normalement, le soir, on mange à huit heures. On mange du mouton ou du poulet avec du riz.

Un festival important à Ouaga, c'est le festival du cinéma panafricain. Cet été, je voudrais aller au festival avec mon père et je voudrais voir des films.

Who ...

1 lives in a big town?
2 lives in a fishing village?
3 lives in a pretty house?
4 lives in a small flat?
5 would like to live on a farm?
6 would like to live in the country?
7 eats prawns?
8 eats chicken?
9 is interested in cinema?
10 talks about dancing?

un village de pêcheurs	fishing village
une terrasse	patio/terrace
du mouton	mutton

 Choisis un pays. Prépare un exposé.

Imagine que tu habites en Nouvelle-Calédonie, sur l'Île Saint-Pierre ou en Tunisie.

Nouméa, en Nouvelle-Calédonie
maison moderne
1 grande cuisine, 1 salon, 2 chambres,
  2 salles de bains, 1 terrasse, pas de piscine
dîner: 6h00, du bœuf, du poisson
fête importante: le festival de musique en
  août, à Nouméa

Djerba, en Tunisie
jolie villa
1 cuisine, 2 salles de bains, 4 chambres, 1 piscine
dîner: 7h00, une salade, du couscous, de
  l'agneau,
fête importante: l'Eid al Fitr, la fin du
  Ramadan

l'agneau lamb

Saint-Pierre, dans l'océan Atlantique nord
belle maison
1 cuisine, 1 salon, 1 salle à manger, 1 salle de bains,
  3 chambres, pas de piscine
dîner: 7h30, une salade de poisson, du steak
fête importante: le 14 juillet

J'habite …
Chez nous, il y a … et aussi …
J'adore habiter ici.
Normalement, le soir je/on …
Une fête importante, c'est …

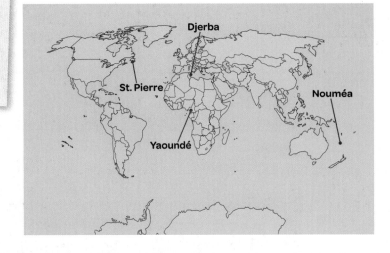

 Trouve la fin de chaque phrase. Écris des phrases complètes.

1 Je m'appelle Albert. J'habite dans un
2 J'adore habiter ici, mais un jour je voudrais
3 Chez nous, il y a trois
4 Normalement, le soir, on
5 Une fête importante au Cameroun, c'est

a chambres, deux douches, deux balcons, la cuisine et le salon.
b la fête nationale. Il y a un défilé, on danse, on chante et on mange.
c appartement à Yaoundé au Cameroun.
d mange à sept heures. On mange du poisson avec des bananes plantains.
e habiter au bord de la mer.

 Écris un paragraphe sur le pays que tu as choisi pour l'exercice 3.
Utilise les phrases de l'exercice 4 comme modèle.

Write a paragraph on the country you chose for exercise 3.
Use the sentences from exercise 4 as a model.

- *When you are writing, draft and redraft your work.*
- *Set yourself targets and ask your friends and your teacher to give you a target too.*
- *Develop your own checklist.* ⟶
- *Underline the sentence you are most pleased with and say why.*

I have checked …
- spellings ✓
- verb endings ✓
- accents ✓
- adjectival endings ✓
I have used …
- connectives ✓
- intensifiers ✓

Studio Grammaire

je mange or je voudrais manger?

Use the **present tense** to say what you are doing or normally do.

Je mange du pain. — I'm eating bread.

J'habite dans un appartement. — I live in a flat.

Use *je voudrais* + an infinitive to say what you would like to do.

Je voudrais manger une glace. — I would like to eat an ice-cream.

1 Match up the sentences and the pictures. Then translate the sentences into English.

1 *Je mange des chips, mais je voudrais manger de la pizza.*

2 *J'habite dans une petite maison, mais je voudrais habiter dans un grand château.*

3 *J'écoute le prof, mais je voudrais écouter de la musique.*

a  **b**  **c**

2 Fill in the gaps using the verbs below. Choose the present tense or *je voudrais* + infinitive.

1 ▭ *dans une grande ville, mais* ▭ *au bord de la mer.*

2 ▭ *de la guitare, mais* ▭ *du piano.*

3 ▭ *mes devoirs, mais* ▭ *du skate.*

4 ▭ *au collège mais* ▭ *au cinéma.*

5 ▭ *un scooter, mais* ▭ *une Ferrari.*

je voudrais habiter   je fais   je joue   je vais

je voudrais acheter   j'achète   je voudrais aller

je voudrais jouer   je voudrais faire   j'habite

The partitive article

The word for 'some' changes depending on the noun that follows it:

	singular		plural
masculine	feminine	in front of a vowel sound	
du pain	**de la** confiture	**de l'**eau	**des** céréales

3 Choose *du, de la* or *des* each time.

Pour le petit déjeuner, normalement, je prends **1** du/de la/des **pain** avec **2** du/de la/des confiture, mais quelquefois, je prends **3** du/de la/des céréales.

À midi, je mange **4** du/de la/des pâtes ou **5** du/de la/des poisson avec **6** du/de la/des frites.

Le soir, on mange à huit heures. D'habitude, on mange **7** du/de la/des viande. Mais le samedi soir, on mange **8** du/de la/des popcorn et **9** du/de la/des pizza devant la télé. Miam-miam!

prendre

You will need to learn the present tense of this irregular verb by heart. Usually it means 'to take' but when you use it with food it means 'to have'.

prendre (to take/have)

je prends	I take/have	*il/elle prend*	he/she takes/has
tu prends	you take/have	*on prend*	we take/have

4 Choose the correct answer each time. How do you say … ?

1 Normally I have a croissant.
  a *Normalement, je prendre un croissant.*
  b *Normalement, je prends un croissant.*

2 We have breakfast at 8 o'clock.
  a *On prends le petit déjeuner à huit heures.*
  b *On prend le petit déjeuner à huit heures.*

3 What do you have for breakfast?
  a *Qu'est-ce que tu prends pour le petit déjeuner?*
  b *Qu'est-ce que je prends pour le petit déjeuner?*

4 For dessert, I'm having an ice-cream.
  a *Comme dessert, je prend une glace.*
  b *Comme dessert, je prends une glace.*

il faut + infinitive

Il faut means 'it is necessary to' or 'you must'. In English we say 'you need to',' you have to' or 'you must'. *Il faut* is normally followed by an infinitive.

Il faut aller en ville. You need to go into town.
Il ne faut pas oublier les œufs. You mustn't forget the eggs.

5 Choose the infinitive form of the verb to complete each sentence. Match the French sentences with the English sentences.

1 *Il faut apportez/apporter/apporté de l'argent.*
2 *Il faut acheter/achetez/achète du fromage.*
3 *Il faut allez/allé/aller en ville.*
4 *Il ne faut pas oubliez/oublier/oublié le chocolat.*
5 *Il faut prends/prenez/prendre le bus numéro 2.*

a You need to go into town.
b You need to bring some money.
c You need to buy cheese.
d You need to take the number two bus.
e You mustn't forget the chocolate.

The near future tense

You use the verb *aller* (to go) plus an infinitive, to say what you are going to do.

je vais porter	I am going to wear	*il/elle va regarder*	he/she is going to watch
tu vas manger	you are going to eat	*on va faire*	we are going to do

6 Fill in the gaps with the correct phrases from the list.
À Hallowe'en, je **1**___ un costume de cowboy. D'abord, je **2**___ du 'trick or treat' et puis je **3**___ à une fête chez un copain. On **4**___ un film d'horreur en DVD. On **5**___ de la pizza et on **6**___ de la limonade noire! On va s'amuser!

va manger   vais porter   va regarder   vais faire   va boire   vais aller

7 Copy the table and write the sentences in the right column.

present	future

On va faire des crêpes.
Je mange des crêpes au chocolat.
Je vais manger au restaurant.

Je vais manger une crêpe aux pommes.
On prend le petit déjeuner à huit heures.
Tu vas regarder le défilé?

Vocabulaire

Les domiciles • *Homes*

J'habite dans …	*I live in…*
une grande maison	*a big house*
une petite maison	*a small house*
un grand appartement	*a big flat*
un petit appartement	*a small flat*
une grande ville	*a big town*
une petite ville	*a small town*
un grand village	*a big village*
un petit village	*a small village*
Je voudrais habiter …	*I'd like to live …*
à la campagne	*in the country*
à la montagne	*in the mountains*
au bord de la mer	*at the seaside*
dans un vieux château	*in an old castle*
dans une vieille chaumière	*in an old cottage*
dans une ferme	*on a farm*

Les pièces • *Rooms*

Chez moi, il y a …	*In my home, there is/ there are …*
(six) pièces	*(six) rooms*
le salon	*the living room*
le jardin	*the garden*
la cuisine	*the kitchen*
la salle à manger	*the dining room*
la salle de bains	*the bathroom*
ma chambre	*my bedroom*
la chambre de (mes parents/ma sœur/ mon frère)	*(my parents'/my sister's my brother's) bedroom*
Il n'y a pas de (jardin).	*There isn't a (garden).*

Les prépositions • *Prepositions*

dans	*in*
devant	*in front of*
derrière	*behind*
sous	*under(neath)*
sur	*on*

Les meubles • *Furniture*

le bureau	*desk*
le canapé	*settee/sofa*
le lit	*bed*
le frigo	*fridge*
l'armoire (f)	*wardrobe*
la chaise	*chair*
la machine à laver	*washing machine*
le lavabo	*wash basin*
la douche	*shower*
la fenêtre	*window*
la table	*table*
la télé-satellite	*satellite TV*

Le petit déjeuner • *Breakfast*

Pour le petit déjeuner, je prends …	*For breakfast, I have …*
du beurre	*butter*
du café	*coffee*
du chocolat chaud	*hot chocolate*
du jus d'orange	*orange juice*
du lait	*milk*
du pain	*bread*
du thé	*tea*
de la confiture	*jam*
des céréales	*cereal*
une tartine	*a slice of bread and butter*
Je ne mange rien.	*I don't eat anything.*

Le dîner • *Evening meal*

D'habitude, on mange …	*Usually, we eat …*
du poisson	*fish*
du poulet	*chicken*
de la pizza	*pizza*
de la viande	*meat*
des fruits	*fruit*
des pâtes	*pasta*
des plats à emporter	*takeaway food*
Comme dessert, je prends …	*For dessert, I have …*
du yaourt	*yoghurt*
une mousse au chocolat	*a chocolate mousse*
de la glace (à la fraise)	*(strawberry) ice-cream*
Je suis végétarien(ne).	*I'm a vegetarian.*
Le soir, on mange à (six heures).	*In the evening, we eat at (six o'clock).*

Au carnaval • *At the carnival*

je vais …/on va …	*I'm going to …/we're going to …*
aller au carnaval	*go to the carnival*
boire un coca	*drink a cola*
chanter et danser (sur le char)	*sing and dance (on the float)*
manger au restaurant	*eat in a restaurant*
participer au défilé	*take part in the parade*
porter un costume de (pirate)	*wear a (pirate) costume*
prendre des photos (avec mon portable)	*take photos (on my mobile phone)*
regarder le défilé/le feu d'artifice	*watch the parade/the fireworks*
Je vais m'amuser.	*I'm going to have fun.*
On va s'amuser.	*We're going to have fun.*

Les provisions • *Food shopping*

il faut acheter …	*I/we/you need to buy …*
un litre de lait	*a litre of milk*
un paquet de farine	*a packet of flour*
(quatre) tranches de jambon	*(four) slices of ham*
un kilo de bananes	*a kilo of bananas*
500 grammes de pommes	*500 grams of apples*
250 grammes de fraises	*250 grams of strawberries*
une tablette de chocolat	*a bar of chocolate*
une bombe de crème Chantilly	*a spray can of whipped cream*
six œufs	*six eggs*

Les mots essentiels • *High-frequency words*

chez (moi)	*at (my) place*
comme dessert	*for dessert*
il y a …	*there is/there are …*
il n'y a pas de …	*there isn't a/any …*
ne … rien	*nothing*
pour	*for*

Stratégie 4

Learning by doing

When you're learning vocabulary, doing something often helps to make the words stick.

- Why not write new words on sticky notes and stick them round your bedroom or in places where you will see them regularly?
- Make some cards with the French word on one side and the English on the other. You can then play a game with yourself or a partner.
- You can also use this method to learn the genders of nouns, e.g. write **chocolat** on one side of the card and **le/du** or **masc.** on the other.

Turn to page 126 to remind yourself of the *Stratégies* you learned in *Studio 1*.

France is a very musical country! Three of the most popular musical instruments are piano, flute and guitar. Which instrument would you like to learn to play if you had the chance?

Many young French people also compete in activities such as gymnastics, ice skating, athletics, swimming, skiing and horse-riding. What's your talent?

Tecktonik is a big dance craze in France! It's usually performed to techno or hip-hop music. If you've never seen it, try to find some video clips of it online.

TV talent shows are hugely popular in France. Over four million people watch the singing contest *Nouvelle Star* and around 25,000 singers audition for it! What do you think of TV programmes like this? Who's your favourite singer or group from a TV talent contest?

5

Julien

Jenifer

The singer Jenifer (Jenifer Bartoli) was the first winner of the talent show *Star Academy* and her debut album sold over a million copies! Past winners of the talent show *Nouvelle Star* include Julien Doré and Myriam Abel. See if you can find out more about any of these people and listen to their music online.

According to one survey, the top ten jobs that young French people aged 18–25 would like to do are:

1. actor/actress
2. photo journalist
3. ambassador
4. singer
5. airline pilot
6. renewable energy project manager
7. cultural events manager
8. marketing manager
9. vet
10. international hotel manager.

What would your dream job be and why?

La France a du talent!

1 Écoute et mets les images dans le bon ordre.

Exemple: **1** d

> Mon talent, c'est …

a jouer du piano

b

danser

c

jouer de la guitare électrique

d

chanter

e

jouer du violon

f

faire de la magie

2 **En tandem. Mime un talent. Ton/Ta camarade devine.**

Exemple:

● *Mon talent, c'est quoi? (Tu mimes.)*

▪ *Ton talent, c'est jouer du violon.*

● *Oui, c'est ça.*

3 **Lis la publicité. Complète les phrases en anglais.**

Studio Grammaire
>> Page 102

The infinitive of a verb often means 'to …' or '…ing'.

*Je veux **être** danseur professionnel.*	I want **to be** a professional dancer.
*Mon talent, c'est **chanter**.*	My talent is **singing**.

CONCOURS DE JEUNES TALENTS

Quel est ton talent? Chanter? Danser? Jouer d'un instrument? Faire de la magie?

Tu as moins de dix-huit ans?

Tu es invité(e) à participer à un concours de jeunes talents, le 24 juillet, au centre de loisirs.

Le prix: 500€ et des cours à l'Académie des Jeunes Talents!

Pour plus d'informations, voir le site Web.

1 This is an advert for a ▨▨▨ for young people.
2 They are looking for people whose talent is singing, ▨▨▨, playing an instrument or doing ▨▨▨.
3 It's open to people aged under ▨▨▨.
4 It takes place on ▨▨▨, at the leisure centre.
5 The prize is ▨▨▨ euros and ▨▨▨ at the Young Talent Academy.
6 You can find out more information on ▨▨▨.

moins de	*less than*
participer à	*to take part in*

 Associe les phrases suivantes aux phrases de l'exercice 1.

Match the following sentences to the sentences in exercise 1.

Exemple: **1** f

Un jour, je veux ...

1 *être magicien à la télévision.*

2 *jouer dans un groupe de rock.*

3 *jouer du violon dans un grand orchestre.*

4 *être chanteuse professionnelle.*

5 *être professeur de piano.*

6 *être danseur professionnel.*

 Écoute. Copie et remplis la fiche pour chaque personne. (1–7)

Exemple:

1

Nom: Olivia

Âge: 16

Talent(s): singing

Ambition: professional singer

Studio Grammaire

>> Page 102

The modal verb *vouloir* means 'to want'.

je veux	I want
tu veux	you want
il/elle veut	he/she wants
on veut	we want

It is normally followed by an infinitive.

Je veux **chanter** *à la télévision.*
I want *to sing* on TV.

Olivia

Nathan

Félix

Coralie et Ryan

Lucas (de LMC)

Laurine (des Pompomstars)

 Imagine que tu veux participer au concours de jeunes talents. Choisis A, B, C ou D et présente-toi. (Si possible, enregistre ta vidéo.)

Imagine that you want to take part in the talent contest. Choose A, B, C or D and introduce yourself. (If possible, make a video recording.)

Exemple: Je m'appelle Manu. J'ai douze ans. Mon talent, c'est chanter. Un jour, je veux ...

	A	B	C	D
Name	Manu	Clarisse	Ludo	Amélie
Age	12	13	14	15
Talent	singing	playing the guitar	doing magic	dancing
Ambition	to be a professional singer	to play in a rock band	to be a professional magician	to be a dance teacher

 Choisis une autre personne de l'exercice 7. Écris un paragraphe.

Exemple:

Je m'appelle Clarisse. J'ai treize ans. Mon talent, c'est jouer de la guitare électrique. Un jour, je veux ...

Use these phrases to add interest and detail to your writing:

- **Mon style, c'est (hip-hop/R'n'B).**
- **Je chante/danse/joue dans un groupe avec (mon copain/ ma copine/mes copains).**
- **Je veux être (chanteuse professionnelle), comme mon idole, (Beyoncé). (magicien/professeur) à la télé/dans un collège.**

1 Écoute et mets les phrases dans le bon ordre. (1–5)

a

Tu dois répéter tous les jours.

b

Tu dois aller à l'audition.

c

Tu dois avoir confiance en toi.

d

Tu dois participer au concours!

e

Tu dois faire un clip vidéo.

2 En tandem. Choisis la séquence d'images A ou B et fais un dialogue. Utilise les phrases de l'exercice 1.

In pairs. Choose picture sequence A or B and make a conversation. Use the sentences from exercise 1.

A d, c, e, a, b

B d, e, b, c, a

Exemple:

● *Tu dois participer au concours!*

■ *Qu'est-ce que je dois faire?*

● *D'abord, tu dois avoir confiance en toi. Ensuite, ...*

■ *D'accord. Et après?*

● *Après, ... Et finalement, ...*

> The sound **–oi** (e.g. **moi**, **toi**, **dois**) is pronounced like 'wa' (but with a short 'a', not 'waaah'!).

Studio Grammaire
» Page 102

The modal verb *devoir* means 'to have to' or 'must'.

je dois	I must (or have to)
tu dois	you must
il/elle doit	he/she must
on doit	we must

It is normally followed by an infinitive:

*Tu dois **aller** à l'audition.*   You must go to the audition.

3 Écris un dialogue. Utilise la séquence d'images A ou B de l'exercice 2.

4 Lis les e-mails et réponds aux questions.
C'est Olivia ou Nathan?

Max
Je ne peux pas participer au concours de talents parce que:
1. Je dois faire mes devoirs de maths.
2. Je ne peux pas répéter chez moi. Mes parents n'aiment pas le thrash métal!
Nathan

Lucie
Je ne peux pas participer au concours de talents parce que:
1. Je dois faire un clip vidéo et je n'ai pas de caméra!
2. Je ne peux pas aller à l'audition. Je dois faire du babysitting avec ma petite sœur (quelle horreur!).
Olivia

Salut, Olivia
Tu peux faire ton clip vidéo avec mon portable. Et je peux faire du babysitting pour toi. Alors, tu peux aller à l'audition! D'accord?
Bises, Lucie

Nathan, tu donnes des excuses ridicules!
1. Le concours, c'est en juillet. Tu n'as pas de devoirs en juillet!
2. Tu peux répéter chez moi. Il y a un grand garage.
Ton ami, Max

Who ...
1 is worried about schoolwork?
2 can't rehearse at home?
3 doesn't have a camcorder?
4 has parents who don't like loud music?
5 has to look after a young family member?
6 can rehearse in a friend's garage?

Studio Grammaire

> Page 102

The modal verb *pouvoir* means 'to be able to' or 'can'.

| *je peux* | I can | *il/elle peut* | he/she can |
| *tu peux* | you can | *on peut* | we can |

It is often followed by an infinitive:
*Tu peux **répéter** chez moi.*
You can rehearse at my place.
Je ne peux pas. = I can't.

Attention!
my homework = **mes devoirs**
your homework = **tes devoirs**

5 Écoute et note les excuses et les solutions en anglais. (1–4)
Exemple:

	excuse	solution
1	has to do babysitting	...

6 En tandem. Fais des conversations.

A ● *Je ne peux pas aller à l'audition.*
■ *Pourquoi?*
● *Parce que je dois .*
■ *Je peux pour toi.*

B ● *Je ne peux pas participer au concours.*
■ *Pourquoi?*
● *Parce que mes parents n'aiment pas .*
■ *Tu peux répéter chez moi. Il y a .*

7 Complète l'e-mail. Donne au moins trois excuses.
Complete the email. Give at least three excuses.

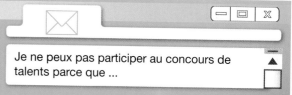
Je ne peux pas participer au concours de talents parce que ...

1 Un groupe de danse répète pour le concours. Que dit le prof de danse? Trouve la bonne phrase pour chaque personne.

A dance group is rehearsing for the contest. What does the dance teacher say? Find the correct sentence for each person.

Exemple: **Medhi** 3

ton blouson	*your jacket*
la caméra	*video camera*
ta casquette	*your cap*

Medhi   Flavie   Romain   Jade   Yanis   Alex

1 Jette ton chewing-gum!

2 Éteins ton portable!

3 Fais plus d'efforts!

4 Regarde la caméra!

5 Enlève ton blouson!

6 N'oublie pas ta casquette!

2 Écoute et vérifie.

Studio Grammaire

You use the imperative to tell someone what to do.

Use the *tu* form of the verb and drop the *tu*.

tu fais   you make

Fais *plus d'efforts!*   **Make** more of an effort!

With *–er* verbs, you have to take off the 's' at the end of the *tu* form of the verb.

tu regardes   you look at

Regarde *la caméra!*   **Look at** the camera!

3 À deux. Tu es le/la prof. Ton/Ta camarade est Hugo ou Marielle.

Exemple:

● *Marielle!*

■ *Oui?*

● *Éteins ton portable!*

■ *Oh, pardon.*

● *Et …*

■ *Oui, madame. D'accord.*

4 Écris tes instructions pour Hugo et Marielle.

5 Lis le texte et réponds aux questions en anglais.

> Chère Marie-Hélène
> Je veux chanter dans un concours de talents, mais ma mère n'est pas d'accord. Elle dit que je dois faire mes devoirs et que je dois aider à la maison. Ce n'est pas juste! Qu'est-ce que je peux faire?
> Ophélie

> Chère Ophélie
> Je suis d'accord avec ta mère! Voici mes conseils:
> • Change ton attitude.
> • Écoute ta mère.
> • Fais plus d'efforts au collège. Fais tes devoirs.
> • Aide à la maison. Fais ton lit et prépare le dîner, par exemple.
> • Après deux ou trois semaines, redemande à ta mère si tu peux participer au concours!
> Bonne chance!
> Marie-Hélène

elle dit que *she says that*

1 What does Ophélie want to do?
2 Give **one** reason why her mother won't let her.
3 Who does Marie-Hélène agree with?
4 Name **two** things she tells Ophélie to do.
5 When should Ophélie try asking her mother again?
6 Do you agree with Ophélie or Marie-Hélène? Why?

6 Écoute et choisis les bons conseils. (1–6)
Listen and choose the correct advice.

1 Malik: Change de tee-shirt/ton attitude.
2 Coralie: Éteins ton portable/iPod.
3 Nathan: Jette ton bonbon/chewing-gum.
4 Félix: Enlève ton chapeau/blouson.
5 Olivia: Chante plus fort./Ne chante pas.
6 Laurine: Regarde la télé/caméra.

ton chapeau *your hat*
plus fort *louder*

7 Écoute et lis la chanson.

c'est dur *it's hard*
devenir vedette *to become a star*
la prochaine fois *next time*

Oh, c'est dur de devenir vedette!

Oh, c'est dur de devenir vedette!
Oh, c'est dur de chanter et de danser!
Toi, tu chantes trop doucement!
Tu danses comme un éléphant!
Chante plus fort! Chante plus fort!
Fais plus d'efforts! Fais plus d'efforts!
O-o-o-h!
Oh, c'est dur de devenir vedette!
Oh, c'est dur de chanter et de danser!

Oh, c'est dur de devenir vedette!
Oh, c'est dur de chanter et de danser!
Toi, tu chantes un peu trop faux!
Tu ne portes pas ton chapeau!
La prochaine fois, la prochaine fois,
N'oublie pas! N'oublie pas!
O-o-o-h!
Oh, c'est dur de devenir vedette!
Oh, c'est dur de chanter et de danser!

Oh, c'est dur de devenir vedette!
Oh, c'est dur de chanter et de danser!
Je n'aime pas faire de la danse.
Je veux aller en vacances!
De la danse! De la danse!
En vacances! En vacances!
O-o-o-h!
Oh, c'est dur de devenir vedette!
Oh, c'est dur de chanter et de danser!

8 Trouve dans la chanson l'équivalent des expressions en anglais. Utilise le Mini-dictionnaire, si nécessaire.

1 You're singing too quietly.
2 You dance like an elephant.
3 You're singing a bit off-key.
4 You're not wearing your hat.
5 I want to go on holiday.

9 Chante la chanson!

En France
The tune of this song is the same as a famous French children's song called *Alouette*. See if you can find out the lyrics of the original song.

Describing people's personalities

Using more adjectives

1 **Écoute et lis. On parle de quel juge? (1–5)**

Listen and read. Which judge are they talking about?

Exemple: **1** B

Les juges du concours de talents

A

Nom: Méchant
Prénom: Michel
Âge: 43
Profession: producteur de musique
Caractère: impoli, arrogant

B

Nom: Labelle
Prénom: Leïla
Âge: 25
Profession: chanteuse et danseuse
Caractère: intelligente, sympa

C

Nom: Aimable
Prénom: Antoine
Âge: 64
Profession: présentateur de télévision
Caractère: gentil, sincère

D

Nom: Maline
Prénom: Monique
Âge: 52
Profession: journaliste
Caractère: sévère, impatiente

E

Nom: Duroq
Prénom: Damien
Âge: 31
Profession: rock star
Caractère: égoïste, vaniteux

2 **Copie et complète les phrases.**

1 Elle s'appelle Monique Maline. Elle a ▨ ans et sa profession, c'est ▨.
2 Il s'appelle Antoine. Son nom de famille, c'est ▨. Il est sincère et ▨.
3 Son nom de famille, c'est Méchant. Son prénom, c'est ▨. Il est très riche, mais un peu ▨ et ▨.
4 Elle s'appelle ▨. Elle a vingt-cinq ans. Sa profession, c'est ▨ et danseuse.
5 Il s'appelle Damien Duroq. Il est ▨. Il n'est pas très sympa: il est très ▨ et assez vaniteux.

3 **En tandem. Jeu de mémoire! Ton/Ta camarade ferme le livre et tu poses des questions.**

Exemple:

● *Qui est producteur de musique?*

▪ *Michel Méchant.*

● *Qui a soixante-quatre ans?*

▪ *…*

> **Studio Grammaire**
>
> Make sure you use *avoir* and *être* correctly.
>
> Jobs and personality: *Qui **est** journaliste?*
> *Qui **est** arrogant?*
>
> Age: *Qui **a** vingt-cinq ans?*

 Écoute le commentaire des juges. (1–5)

a) Le commentaire est positif ou négatif ?

b) Tu es d'accord (✔) ou pas d'accord (✗) avec le/la juge?

 Studio Grammaire 〉〉 *Page 103*

Remember, some adjective endings are different when used with masculine and feminine nouns. This can change the sound of the ending:

*Il est arrogan**t** et vanite**ux**.* He is arrogant and vain.

*Elle est arrogant**e** et vaniteu**se**.* She is arrogant and vain.

See the box in exercise 5 for a list of adjective endings.

 Écris ton opinion sur trois célébrités ou personnages.

Exemple:

À mon avis, Simon Cowell est assez intelligent, mais il est trop …

| À mon avis, | il est / elle est | très trop assez un peu | arrogant / arrogante
beau / belle
cruel / cruelle
gentil / gentille
impatient / impatiente
impoli / impolie
intelligent / intelligente
marrant / marrante
vaniteux / vaniteuse |
| | | | égoïste / sévère / sincère / stupide / sympa |

 En tandem. Discute de ton opinion avec ton/ta camarade.

Exemple:

● *À mon avis, Simon Cowell est assez intelligent, mais il est trop sévère.*

▪ *Je ne suis pas d'accord. À mon avis, il est très sincère.*

Et le gagnant est ...

Showing how much you can do with the French language

Using a variety of structures

1 **Écoute. Trouve la bonne phrase pour chaque personne. (1–6)**

Exemple: **1** b

1 Olivia

2 Ryan

3 Félix

4 Lucas (de LMC)

5 Laurine (des Pompomstars)

6 Nathan

a J'aime gagner.

b Je dois gagner!

c Je peux gagner!

d Je voudrais gagner.

e Je vais gagner?

f Je veux gagner!

2 **Trouve l'équivalent des phrases en anglais.**

Exemple: **1** Je veux gagner!

1 I want to win!

2 Am I going to win?

3 I must win!

4 I like winning.

5 I can win!

6 I'd like to win.

Studio Grammaire

Page 103

You use an infinitive (e.g. *gagner, chanter, danser*) after all of the following:

- *j'aime* (I like)
- *je veux* (I want)
- *je dois* (I must)
- *je peux* (I can)
- *je voudrais* (I'd like)
- *je vais* (I'm going to)

J'aime chanter.	I like singing.
Je dois gagner.	I must win.
Je vais danser.	I'm going to dance.

3 **Prépare cinq phrases. Utilise les infinitifs.**

Prepare five sentences. Use the infinitives.

Exemple:

J'aime danser.

Je veux jouer de la guitare.

Je dois ...

chanter   jouer de la guitare

faire de la magie   danser

gagner

être très riche   jouer du piano

Qui gagne le concours? Écoute. Copie et remplis le tableau.

Who wins the contest? Listen and fill in the grid.

	nom	réaction 😊 😞
Troisième place:		
Deuxième place:		
Première place:		

Lis le texte et réponds aux questions en anglais.

Après le concours de talents

J'adore jouer de la guitare, mais je veux étudier la médecine. Un jour, je voudrais travailler comme médecin, en Afrique. Je vais continuer à jouer de la guitare comme passetemps, mais la célébrité n'est pas importante pour moi.

Nathan

Un jour, je veux être danseur professionnel. Mais d'abord, je dois continuer mes études au collège parce qu'il est important d'avoir des qualifications. Après, je vais aller à l'Académie des Jeunes Talents pour étudier la danse.

Lucas (de LMC)

J'ai beaucoup de détermination et je sais que je peux être chanteuse professionnelle! La semaine prochaine, je vais chanter à la télé. Après, je voudrais partir en vacances. Je vais aller en Espagne avec ma famille.

Olivia

Who ...

1 wants to go on holiday to Spain?
2 is planning to study medicine?
3 has to continue studying at school?
4 would like to work abroad one day?
5 is going to appear on TV next week?
6 thinks it's important to get some qualifications?

Imagine que tu es Ryan ou Coralie. Prépare un mini-exposé oral.

Exemple: Je m'appelle Ryan. J'adore jouer du violon. Un jour, je voudrais …

Ryan

J'adore .   Mais d'abord, .

Un jour,  .   Après, .

Coralie

J'aime .   La semaine prochaine, [image] .

Un jour, [image] .   Après, [image] .

J'adore J'aime		jouer	du violon/du piano.
		travailler	dans un orchestre professionnel. comme professeur de musique.
Un jour,	je veux je voudrais je dois je vais	continuer	mes études au collège.
Mais d'abord,		jouer du piano	à la télé.
La semaine prochaine,		aller	à l'Académie des Jeunes Talents.
Après,		partir	en vacances en Italie.

Écris un paragraphe pour Ryan ou Coralie.

Bilan

Unité 1

I can ...

- ● say what my talent is: *Mon talent, c'est chanter.*
- ● say what I want to do: *Un jour, je veux être chanteur professionnel.*
- ☐ use the verb *vouloir* + infinitive: *Je veux être danseuse.* *Qu'est-ce que tu veux faire?*
- ☐ use the masculine and feminine forms of jobs: *chanteur/chanteuse musicien/musicienne*
- ● pronounce the sound *eu* correctly: *veux, chanteur, danseuse*

Unité 2

I can ...

- ● tell someone what they must do: *Tu dois répéter tous les jours.*
- ● make excuses: *Je ne peux pas. Je dois faire mes devoirs.*
- ☐ use *devoir* and *pouvoir* + infinitive: *Je dois faire du babysitting.* *Tu peux répéter chez moi.*
- ● pronounce the sound *oi* correctly: *moi, toi, dois*

Unité 3

I can ...

- ● give someone instructions: *Jette ton chewing-gum!* *Éteins ton portable!*
- ☐ use the *tu* form imperative: *Regarde la caméra! Ne fais pas ça!*

Unité 4

I can ...

- ● describe people's personality: *Il est assez impatient et un peu arrogant.*
- ● give my opinion about people: *À mon avis, elle est trop sévère.*
- ☐ use the correct form of adjectives: *Il est gentil et intelligent.* *Elle est gentille et intelligente.*

Unité 5

I can ...

- ☐ use a variety of structures with the infinitive: *j'aime chanter/je peux chanter/je veux chanter/je dois chanter/je vais chanter/je voudrais chanter*

 1 Écoute les opinions sur les profs et coche (✓) les bons adjectifs. (1–6)

	funny	impatient	vain	intelligent	strict	kind
1					✓	

 2 En tandem. Fais un dialogue. Utilise les images.

● *Tu dois participer au concours de talents!*

■ *Je ne peux pas. Je dois*  .

● *Tu peux*  *demain soir.*

■ *Je ne peux pas. Demain soir, je dois*   .

● *Je peux*  *pour toi.*

■ *Je dois faire un clip vidéo, mais je n'ai pas de*  .

● *Tu peux faire un clip vidéo* .

■ *D'accord, merci.*

3 Lis le blog et complète les phrases en anglais.

> Je m'appelle Samira. Mon talent, c'est chanter.
> Un jour, je veux être chanteuse professionnelle,
> comme mon idole, Rihanna. Je voudrais chanter à
> la télé avec Rihanna! Mais d'abord, je dois continuer
> mes études au collège. Il est important d'avoir
> des qualifications. La semaine prochaine, je vais
> participer à un concours de talents dans ma ville. Je
> vais répéter tous les jours parce que je veux gagner!
> **Samira**

1 One day, Samira wants to be ▢.
2 She would like to sing ▢.
3 But first she must ▢.
4 Next week, she is going to ▢.
5 She is going to ▢ every day because she wants ▢.

 4 Tu es le/la prof. Écris quatre conseils pour cet élève.

You are the teacher. Write four pieces of advice for this pupil.

Exemple: Enlève ta casquette!

1

Écoute et lis. Il s'agit de quoi? Choisis la bonne réponse.

Christophe Willem est né le 3 août 1983, à Enghien-les-Bains, en France. Son vrai nom est Christophe Durier. En 2006, il a gagné un concours de talents à la télévision qui s'appelle *Nouvelle Star*. Il a enregistré deux albums: *Inventaire* (2007) et *Caféine* (2009). Son premier album a été numéro un au hit-parade. En 2008, il est parti en tournée: il a donné des concerts en France, en Belgique et en Suisse. En général, Christophe a bon caractère: il est calme, généreux et très travailleur.

- Don't try to understand every word. Just try to get the gist.
- Look and listen for key words that give you clues about who Christophe Willem is.
- Be careful not to jump to conclusions. Make sure you have several good reasons for choosing your answer.

1 The text is about …
ⓐ a TV actor ⓑ a film star ⓒ a singer ⓓ a football player.

2 How did you work out your answer? Give at least two reasons.

 2

Qu'est-ce que c'est en anglais? Devine, puis vérifie dans le Mini-dictionnaire ou dans un dictionnaire.

1 son vrai nom
2 son premier album
3 tournée
4 en Belgique
5 en Suisse
6 calme
7 généreux

Studio Grammaire

In the perfect tense, most verbs use part of the verb *avoir* (to have) + a past participle:

gagner (to win) → *il **a gagné*** (he won)

But some verbs use part of the verb *être*, not *avoir*. Add an extra 'e' to the past participle for a female.

naître (to be born) → *il **est né**/elle **est née*** (he was born/she was born)

partir (to leave) → *il **est parti**/elle **est partie*** (he left/she left)

 3

Lis et complète la traduction sans utiliser de dictionnaire.

Read and complete the translation without using a dictionary.

1 Christophe Willem **est né** le 3 août 1983.
Christophe Willem ▢▢▢ on 3rd August 1983.

2 En 2006, il **a gagné** un concours de talents à la télévision.
In 2006, he ▢▢▢ a talent contest on TV.

3 Il **a enregistré** deux albums.
He has ▢▢▢ two albums.

4 Son premier album a été **numéro un** au **hit-parade**.
His first album was ▢▢▢ in the ▢▢▢.

5 En 2008, il est parti **en tournée**.
In 2008, he went ▢▢▢.

6 Il **a donné** des concerts en France, en Belgique et en Suisse.
He ▢▢▢ concerts in France, in Belgium and in Switzerland.

To work out the meaning of new words:
- Look for cognates or near-cognates (words which are the same or nearly the same as words in English).
- Use logic and look at the context: what is the rest of the sentence about?

Écoute la description de Jenifer Bartoli et choisis la bonne réponse.

1 Jenifer Bartoli est née le 5 novembre 1982/le 15 novembre 1982 à Nice.
2 Elle a gagné un concours de talents qui s'appelle *Star Academy/Nouvelle Star*.
3 Elle a enregistré trois/quatre albums.
4 Son premier/deuxième album a gagné un MTV Europe Music Award.
5 Jenifer est sympa, enthousiaste et travailleuse/ambitieuse.

Copie les phrases et corrige les erreurs.

- In 1–3, add the correct accents to the underlined words.
- In 4–5, correct the spelling of the underlined words.
- In 6–8, put back the missing small words (one in each sentence).

1 Christophe est <u>ne</u> le 3 <u>aout</u> 1983.
2 Jenifer est <u>nee</u> <u>a</u> Nice.
3 Christophe a bon <u>caractere</u>: il est <u>genereux</u>.
4 Christophe est aussi très <u>travaileur</u>.
5 Jenifer est <u>chantuese</u>.
6 Elle gagné un concours de talents.
7 En 2008, Christophe parti en tournée.
8 Il a donné concerts en France.

> Aim for maximum accuracy in your writing. Pay particular attention to:
> - accents on letters, such as *é*, *è*, *à* and *û*
> - spelling, especially words with several vowels together and double letters
> - small words – don't miss them out, e.g. *il **a** gagné*.

Fais des recherches sur Internet. Écris un paragraphe sur une star de la musique. Utilise le texte de l'exercice 1 comme modèle.

Do some internet research. Write a paragraph about a music star. Use the text in exercise 1 as a model.

Include the following details:
- Name (and real name, if relevant)
- Date and place of birth
- Major achievements (e.g. winning a competition or award), with dates
- Names and dates of albums
- Other events (e.g. tours, concerts)

En tandem. Lis, vérifie et commente le paragraphe de ton/ta camarade.

In pairs. Read, check and comment on your partner's paragraph.

> Bravo! Il n'y a pas d'erreurs!

> C'est bien, mais il y a une petite erreur.

> Ce n'est pas mal, mais il y a des erreurs.

Studio Grammaire

Infinitives

The infinitive of a verb ends in **–er**, **–ir** or **–re**. It's the form of the verb that is listed in a dictionary.
The infinitive of a verb often means 'to ...' or '...ing'.

*Mon talent, c'est **jouer** de la guitare.*   My talent is **playing** the guitar.
*Je veux **être** chanteuse professionnelle.*   I want **to be** a professional singer.

1 Complete each sentence with the correct infinitive.

1 *Mon talent, c'est ▬ de la magie.*
2 *Un jour, je veux ▬ professeur de musique.*
3 *Moi, je veux ▬ du violon dans un orchestre.*
4 *Mon passetemps préféré, c'est ▬ de la musique.*
5 *Un jour, je veux ▬ avec mon idole, Justin Bieber!*
6 *Mon talent, c'est ▬. Je veux être danseuse professionnelle!*

> chanter danser jouer
>
> écouter faire être

vouloir

The modal verb **vouloir** (to want) works like this:

je veux	I want	*il/elle veut*	he/she wants
tu veux	you want	*on veut*	we want

Modal verbs are normally followed by an infinitive.

*Je **veux chanter**.*   I want to sing.
*Tu **veux aller** au cinéma?*   Do you want to go to the cinema?

2 Translate these sentences into French. Use the infinitives and other words from exercise 1 to help you.

1 I want to dance.   3 He wants to sing.   5 I want to do magic.
2 You want to play.   4 We want to listen.   6 She wants to be a teacher.

devoir and pouvoir

devoir (to have to) and **pouvoir** (to be able to) are also modal verbs.

devoir (to have to/must)		*pouvoir* (to be able to/can)	
je dois	I must (or have to)	*je peux*	I can
tu dois	you must	*tu peux*	you can
il/elle doit	he/she must	*il/elle peut*	he/she can
on doit	we must	*on peut*	we can

Like *vouloir*, these verbs are normally followed by an infinitive.

*Tu **peux jouer** au foot demain?*   Can you play football tomorrow?

3 Write out these sentences correctly. Then underline the modal verb in each sentence in red and the infinitive in blue.

1 *Jedoisfairemesdevoirs.*   4 *Tupeuxrépéterchezmoi.*
2 *Jepeuxfairedubabysitting.*   5 *Ondoitfaireunclipvidéo.*
3 *Tudoisavoirconfianceentoi.*   6 *Elledoitalleràl'audition.*

Adjectives

Many adjectives change their ending, depending on whether the noun they are describing is masculine or feminine. This is a called agreement. Here are three patterns of agreement:

Il est intelligent.   Elle est intelligent**e**.
Il est gentil.   Elle est genti**lle**.
Il est vaniteu**x**.   Elle est vaniteu**se**.

Adjectives that already end in 'e' in the masculine form do not change in the feminine.

Il est riche.   Elle est riche.

Another adjective that does not change is *sympa* (nice).

Il est sympa.   Elle est sympa.

4 Copy and complete the grid.

masculine	arrogant	gentil	2	intelligent	4	vaniteux	sévère	7	sympa
feminine	arrogant**e**	1	impatiente	3	marrant**e**	5	6	stupide	8

5 Write six sentences about different celebrities, using adjectives from the grid in exercise 4.

Example: **1** À mon avis, David Beckham est gentil.

Using a variety of structures

You use an infinitive after all of these structures:
- likes and dislikes: *j'aime* (I like), *j'adore* (I love), *je n'aime pas* (I don't like), *je déteste* (I hate)
- modal verbs: *je veux* (I want), *je peux* (I can), *je dois* (I must)
- *je voudrais* (I would like)
- the near future tense: *je vais* (I am going to)

6 Write these sentences correctly, using the English translation to help you.

1 jouer guitare la J'adore de — I love playing the guitar.
2 concours veux Je au participer — I want to take part in the contest.
3 vidéo Je clip faire un dois — I must make a video clip.
4 répéter peux dans garage le Je — I can rehearse in the garage.
5 guitariste voudrais professionnel Je être — I would like to be a professional guitarist.
6 vais le Je concours gagner — I am going to win the contest.

7 Translate these sentences into French, using the infinitives below.

1 I can win.   **3** I love singing.   **5** I would like to go to Paris.
2 I want to dance.   **4** I am going to play.   **6** I must listen.

aller   chanter   danser   écouter   gagner   jouer

8 Write six sentences about yourself, using a different structure at the start of each one (e.g. *je voudrais, je dois, je peux, j'aime, ...*). Use a dictionary if you need to.

Example: **1** Je voudrais aller à Paris.

Vocabulaire

Les talents • *Talents*

Mon talent, c'est …	*My talent is …*
chanter	*singing*
danser	*dancing*
faire de la magie	*doing magic*
jouer du piano	*playing the piano*
jouer du violon	*playing the violin*
jouer de la guitare (électrique)	*playing the (electric) guitar*

Les ambitions • *Ambitions*

Un jour, je veux être …	*One day, I want to be …*
chanteur professionnel/ chanteuse professionnelle	*a professional singer*
danseur professionnel/ danseuse professionnelle	*a professional dancer*
magicien professionnel/ magicienne professionnelle	*a professional magician*
professeur (de musique)	*a (music) teacher*
Je veux jouer …	*I want to play …*
dans un groupe de rock	*in a rock band*
dans un grand orchestre	*in a big orchestra*

Donner des conseils • *Giving advice*

Tu dois …	*You must …*
aller à l'audition	*go to the audition*
avoir confiance en toi	*have confidence in yourself*
faire un clip vidéo	*make a video clip*
participer au concours	*take part in the contest*
répéter tous les jours	*rehearse every day*

Donner des excuses • *Making excuses*

Je ne peux pas parce que …	*I can't because …*
je dois faire mes devoirs	*I have to do my homework*
je dois faire du babysitting	*I have to do babysitting*
Je ne peux pas répéter chez moi.	*I can't rehearse at home.*
Tu peux …	*You can …*
faire tes devoirs demain	*do your homework tomorrow*
répéter chez moi	*rehearse at my place*

Donner des instructions • *Giving instructions*

Change ton attitude!	*Change your attitude!*
Chante plus fort!	*Sing louder!*
Enlève ton blouson!	*Take off your jacket!*
Éteins ton portable!	*Switch off your mobile!*
Fais plus d'efforts!	*Make more of an effort!*
Jette ton chewing-gum!	*Throw away your chewing-gum!*
Regarde la caméra!	*Look at the camera!*
N'oublie pas ta casquette!	*Don't forget your cap!*

Le caractère • *Personality*

Il/Elle est …	*He/She is …*
très	*very*
trop	*too*
assez	*quite*
un peu	*a bit*
arrogant(e)	*arrogant*
beau/belle	*good-looking, beautiful*
cruel(le)	*cruel, nasty*
gentil(le)	*kind*
impatient(e)	*impatient*
impoli(e)	*rude*
intelligent(e)	*intelligent*
marrant(e)	*funny*
vaniteux/vaniteuse	*vain*
sévère	*strict, harsh*
sincère	*sincere, honest*
stupide	*stupid*
sympa	*nice*

Gagner • *Winning*

j'aime gagner	*I like winning*
je dois gagner	*I must win*
je peux gagner	*I can win*
je voudrais gagner	*I'd like to win*
je vais gagner	*I'm going to win*
je veux gagner	*I want to win*

Les mots essentiels • *High-frequency words*

à mon avis	*in my opinion*
trop	*too/too much*
je suis d'accord	*I agree*
je ne suis pas d'accord	*I disagree*
c'est	*it is*
d'accord	*OK*
pourquoi	*why*
pardon	*sorry/excuse me*

Stratégie 5

More learning by doing

Here are some more tips on how to learn vocabulary:

- **Sing or rap your list of words.** Use the tune of a popular song.
- **Say your words to the family pet**. They won't tell you off for making a mistake and they may get bored, but they will listen.
- **Beat the clock.** Use the cards you've made to see how many words you can say, translate or write correctly in one minute.
- **Play pictionary with a friend**. Draw a word for them to guess. They have to say the word correctly in French. See who gets the most right.

Turn to page 126 to remind yourself of the *Stratégies* you learned in *Studio 1*.

French is spoken in all corners of the world. Do you know why?

In which of these countries do you think French is not spoken?

a Canada

b Java

c the USA

d Mali

Colonies of the French empire

Dr Joseph Ignace Guillotin invented the guillotine in 1789. It was designed to be the quickest and most humane way of executing people. It was first used in 1792. It was last used in 1977. The death penalty in France was abolished in 1981.

Marie-Antoinette was queen of France in 1789 at the beginning of the French Revolution. When told that the peasants were revolting because they didn't have bread to eat, she is said to have replied, 'Let them eat cake!' (*Qu'ils mangent de la brioche!*). *Brioche* is a sweeter, richer bread, made with eggs and butter ...

The motto of France is *Liberté, Égalité, Fraternité* ('Liberty, Equality, Brotherhood'). What does that mean to you? Do you think it's a good slogan?

The French flag is called the *tricolore*. Why do you think that is? Do you know what the colours represent? How old do you think the French flag is?

The *fleur de lys* is a lily flower, traditionally used to represent French royalty.
Have you ever seen it before? If so, where?

In France, people give out sprigs of lily of the valley (*muguet*) on May Day, which is also known as Labour Day. This is done to mark the beginning of spring and to bring luck.

Regarde la carte. Écoute et lis le texte.

la mer du Nord
l'océan glacial Arctique
l'Europe
la mer Méditerranée
l'Amérique
l'Asie
l'océan Pacifique
l'Afrique
l'océan Indien
l'océan Pacifique
l'Océanie
l'océan Atlantique
l'océan glacial Antarctique
l'Antarctique

☐ pays membre de la francophonie

doux/douce	*mild*
l'étude	*study*
frais/fraîche	*cool*
la mousson	*monsoon*
le paysage	*landscape*
sec/sèche	*dry*
la Terre	*the Earth*

La géographie est l'étude des continents et des océans qui existent sur notre planète.

Les six continents sont l'Afrique, l'Europe, l'Océanie, l'Amérique, l'Asie et l'Antarctique. On parle français sur tous les continents à l'exception de l'Antarctique.

Les océans recouvrent 71% de la surface de la Terre. Il y a cinq océans: l'océan Pacifique, l'océan Atlantique, l'océan Indien, l'océan glacial Arctique et l'océan glacial Antarctique.

Il y a beaucoup de climats différents dans le monde:

- le climat tropical (avec une saison sèche et une saison humide, et souvent avec des moussons)
- le climat désertique (qui est sec et chaud)
- le climat tempéré (avec des étés frais et des hivers doux)
- le climat polaire (qui est très froid).

Notre Terre est très belle. On trouve beaucoup de paysages différents du nord au sud, de l'ouest à l'est: des forêts, des déserts, de grandes plaines, des volcans, des montagnes, des lagunes, de jolies plages, des rivières, des lacs …

À trois. Fais une liste des mots apparentés dans le texte de l'exercice 1.

In threes. Make a list of all the cognates in the text in exercise 1.

Exemple: la géographie = geography

In your group, discuss which of the following strategies you used when tackling the text.

You might not have met all the words before, but you can use your knowledge of geography to help you understand this text!

> I used the map for clues.

> I used my knowledge of the subject.

> I used the context.

> I used a dictionary or the vocabulary list.

> I used my common sense.

> I worked out what type of word it is: adjective, noun, verb.

En tandem. Lis le texte à voix haute et joue au 'BIP'!

Exemple:

- ● *La géographie est l'étude des continents et des [BIP] …*
- ■ *océans!*
- ● *Exact!*

Relis le texte et choisis la bonne réponse.

1 Il y a cinq/six continents et cinq/six océans.
2 On ne parle pas français en Europe/Antarctique.
3 Les océans/continents recouvrent 71% de la surface de la Terre.
4 Le climat polaire est très froid/chaud.
5 Les paysages sont identiques/différents du nord au sud.

 5 **Écoute. Copie et complète le texte.**

En Martinique, on parle ❶ ▓▓▓▓.
La Martinique se trouve en ❷ ▓▓▓▓.
C'est une petite île dans la mer des ❸ ▓▓▓▓.
J'ai étudié la géographie du pays.
On trouve toutes sortes de ❹ ▓▓▓▓ en Martinique.
Il y a des montagnes et une ❺ ▓▓▓▓ tropicale.
En été, il fait chaud. C'est la saison sèche avec un ❻ ▓▓▓▓ tropical, humide.
En ❼ ▓▓▓▓, il pleut beaucoup.
Si vous allez visiter la Martinique, il faut emporter un maillot de bain et un ❽ ▓▓▓▓.

hiver   Amérique   Caraïbes
français   forêt   paysages
climat   chapeau

> **se trouver** to be found
> **emporter** to take with you

 6 **Trouve la fin de chaque phrase. Écris des phrases complètes.**

Pays francophone: le Canada

1 Le Canada se trouve en
2 On trouve toutes sortes de paysages
3 Il y a de grandes plaines,
4 En été, il fait beau, il y a du soleil
5 En hiver, il fait très froid
6 Si vous allez visiter le Canada en été, il faut emporter
7 Si vous allez visiter le Canada en hiver, il faut emporter

a des forêts et dans le nord, la toundra.
b et il neige beaucoup.
c des skis!
d Amérique du Nord.
e et il fait assez chaud.
f un tee-shirt et un pull.
g au Canada.

 7 **Regarde la carte d'identité. Prépare un exposé.**

le Liban: _en Asie, entre la Syrie et Israël_
Paysages: _des montagnes, des fleuves, des_
cascades, des plaines fertiles, des plages
En été: _beau, soleil, chaud_
En hiver: _un peu froid, neige dans les montagnes_
Il faut emporter: _en été, vêtements légers;_
en hiver, manteau

> You have all the tools you need to do your oral presentation on Lebanon. The identity card gives you the facts you need to mention and the support framework gives you the structures you need.
>
> Look back at the texts for exercises 5 and 6 if you need more support.

Comme pays francophone, j'ai choisi ...
En/Au ..., on parle français.
... se trouve en ...
J'ai étudié la géographie du pays.
On trouve toutes sortes de paysages
    en/au/aux ...
Il y a des ...
En été, il fait ...
En hiver, ...
Si vous allez visiter ...,
    il faut emporter ...

 8 **Choisis un pays francophone. Fais des recherches et écris la carte d'identité de ton pays.**

1 Trouve la bonne phrase pour chaque image.

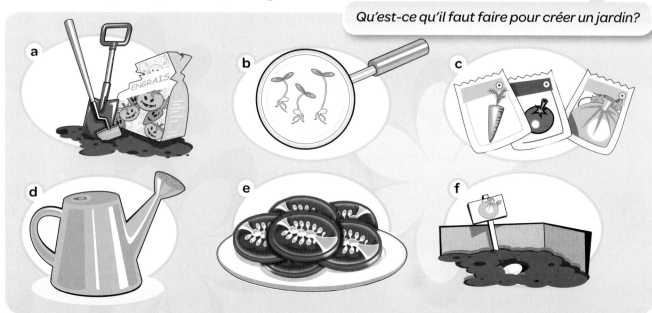

Qu'est-ce qu'il faut faire pour créer un jardin?

a b c

d e f

1 Il faut arroser les plantes.
2 Il faut préparer le sol.
3 Il faut choisir les plantes.
4 Il faut bien surveiller les jeunes pousses.
5 Il faut planter les graines.
6 Il faut manger les légumes.

> You don't need to know all the words in a sentence to work out the meaning. For example, you might know **il faut** (you must) and perhaps **manger** (to eat), but you might be unsure of **légumes**. If you look at the pictures, you could guess that **légumes** means vegetables.

2 Écoute. Mets les étapes dans le bon ordre.

Put the stages into the right order.

Exemple: 3, …

3 Écoute à nouveau. Mets les expressions de temps dans le bon ordre.

Listen again. Write the time expressions in the order you hear them.

Exemple: b

a finalement
b d'abord
c ensuite
d puis
e et
f tous les jours

4 Écris quatre phrases. Utilise tous les mots dans le pot. Traduis tes phrases en anglais.

Exemple: D'abord, il faut préparer le sol.

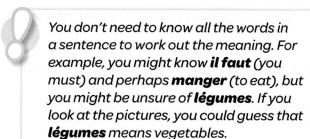

préparer le sol.   les jeunes pousses.
il faut   planter les graines.
Puis   Ensuite,
il faut   bien surveiller
D'abord,   il faut
il faut   les plantes.
choisir   Finalement,

Lis le texte. Corrige les erreurs dans les phrases en anglais.

Pour créer ton bonhomme avec des cheveux en cresson, il te faut:

- un coquetier

- une coquille d'œuf vide

D'abord, il faut dessiner un visage sur la coquille: deux yeux, un nez, une bouche, une barbe, des lunettes ...

Ensuite, il faut mettre la coquille dans le coquetier et du coton dans la coquille vide.

Il faut ajouter de l'eau et puis, sur le coton, il faut semer les graines de cresson.

Ensuite, il faut observer. Les cheveux vont pousser! Et voilà!

1 You need a coconut and an empty eggshell to make your egg man.
2 First you have to draw a body on the egg, two arms and two legs.
3 You have to put the egg into a bowl of water.
4 You have to put cotton wool around the outside.
5 You have to sow the carrot seeds.

créer	*to create*
un bonhomme	*a little man*
cresson	*cress*
un coquetier	*egg cup*
pousser	*to grow*

Associe les mots français aux mots anglais.

du papier	sequins
des paillettes	paper
dessiner	to draw
coller	feathers
de la colle	to cut out
des plumes	glue
découper	to stick

un masque de carnaval

À quatre. Prépare un projet pour la classe.

- Use the project illustrated in exercise 6 (or invent your own).
- Decide in your group what words you will need. Use a dictionary carefully. Then check your list with your teacher.
- Stick to the model on the right. Use words and phrases you know to avoid making mistakes.

Pour créer ... il faut ...
D'abord, il faut ...
Ensuite, il faut ...
Puis il faut ...
Et voilà!

① Lis le texte. Mets les images dans l'ordre du texte.

La fête nationale de la France, c'est le quatorze juillet, le jour de la fête de la liberté.

C'est le jour où, en 1789, les Parisiens ont pris la Bastille qui était une grande forteresse à Paris.

La victoire est importante parce que c'est le point de départ de la Révolution française.

Aujourd'hui, c'est un jour férié en France. Traditionnellement, à Paris, il y a un défilé militaire sur les Champs-Élysées.

Partout en France, on regarde des feux d'artifice et ensuite, il y a des bals ou des concerts.

② Relis le texte et termine les phrases en anglais.

1 The French National holiday is on the …
2 On this day in 1789, Parisians took …
3 This event sparked the French …
4 Traditionally in Paris, there is a military …
5 Throughout France, people watch …
6 Afterwards, there are …

③ Écoute et choisis la bonne réponse.

1 Le premier juillet/juin, c'est la fête du Canada.
2 C'est/Ce n'est pas un jour férié.
3 Traditionnellement, il y a un spectacle, un concert/un bal et des feux d'artifice.
4 On fait du ski/fait la fête.

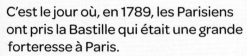

En France

In 1789, King Louis XVI and his wife Marie-Antoinette were very unpopular in France. They were seen as greedy and excessive. Many people were critical of the monarchy and the life they led. The government was inefficient; the people had nothing to eat and were forced to pay large taxes. It was this situation that led to the storming of the Bastille on the 14th July, which sparked the Revolution.

④ Choisis une de ces dates. Fais des recherches: Quelle est l'importance de cette date en France? Prépare un exposé pour ta classe.

Choose one of these dates. Do some research: What is the importance of this date in France? Do a presentation for your class.

Le …, c'est …
C'est un jour férié./Ce n'est pas un jour férié.
Traditionnellement, il y a …
On …

le 6 janvier

le 14 février

le 21 juin

le 1ᵉʳ novembre

Écoute et lis. Une aristocrate parle de sa vie. Copie et remplis le tableau en anglais.

daily routine	breakfast	pastimes	plans for tomorrow
gets up at about 11			

Normalement, je me lève vers onze heures du matin. Je prends mon petit déjeuner tout de suite. D'habitude, je mange de la brioche et je bois du thé.

Ensuite, je me prépare dans ma chambre. D'abord, je m'habille. Je porte une robe en soie avec des chaussures en daim. J'adore les chaussures. Les vêtements, c'est ma passion!

Quelquefois, je fais de l'équitation dans le parc ou je fais des promenades. Je joue du piano tous les jours parce que j'adore ça.

Souvent, je discute avec mes amies, on parle de musique et de vêtements. Le soir, quelquefois, je dîne au château de Versailles avec le Roi. Après le dîner, on va à l'opéra.

Demain, je vais aller à la chasse. Le soir, on va dîner et après, on va danser et écouter de la musique. J'aime beaucoup danser.

tout de suite	*straight away*
aller à la chasse	*to go hunting*

Imagine que tu es un paysan ou une paysanne. Décris ta vie avant la Révolution.

Imagine you are a peasant. Describe your life before the Revolution.

- Plan your work in two paragraphs.
- Add as much detail as you can to your writing.
- Use a spider diagram to plan the content of each paragraph.

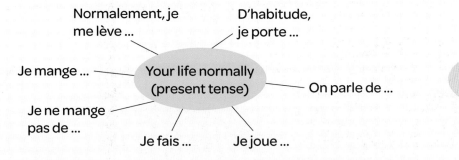

Brainstorm all the vocabulary you know about daily routine and activities. Decide which words and phrases might be appropriate for a penniless peasant.

1 Copie les phrases et écris la bonne lettre.

Copy the sentences and write the correct letter.

1 En ce moment, je lis un magazine sur les célébrités.
2 En ce moment, moi, je lis un livre sur les animaux.
3 Je lis un livre d'épouvante, en ce moment.
4 En ce moment, je lis un roman fantastique.
5 En ce moment, je lis un roman policier.
6 Moi, je lis une BD, en ce moment.

a **Salut!**   b **L'Or du Dragon**   c **Le Détective Français**   d **Les animaux d'Afrique**   e **La Maison de la Terreur**   f

2 Copie et complète le texte.

Copy and complete the text.

J'adore les séries policières comme *CSI*, c'est chouette, et ❶  bien les jeux télévisés. Les documentaires aussi, c'est génial, mais je n'aime pas ❷  . Je trouve ça ❸  .
Je ne regarde pas ❹  parce que c'est barbant. Mon émission préférée, c'est une série qui s'appelle *Engrenages*. C'est ❺   .

stupide   j'aime

les infos   super

les émissions de sport

3 Lis les textes. Copie et remplis les cartes d'identité.

Read the texts. Copy and fill in the identity cards.

Charlie	J'aime bien les émissions de sport comme *Téléfoot* et j'adore les séries américaines, mais je n'aime pas les documentaires. Mon émission préférée, c'est *Ma famille d'abord*. Je ne regarde pas les émissions de télé-réalité parce que c'est ennuyeux.
Ange	Moi, j'adore les dessins animés et j'aime bien les émissions de télé-réalité. Mon émission préférée, c'est *Super Nanny*. Ça passe sur M6. C'est génial. J'aime bien aussi les séries, mais je n'aime pas les émissions de sport et je ne regarde pas les jeux télévisés comme la *Carte aux trésors* parce que je trouve ça nul.

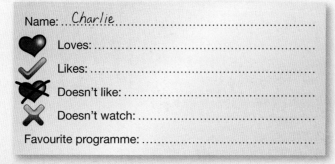

Name: *Charlie* ....
❤ Loves: ....
✓ Likes: ....
💔 Doesn't like: ....
✗ Doesn't watch: ....
Favourite programme: ....

Name: *Ange* ....
❤ Loves: ....
✓ Likes: ....
💔 Doesn't like: ....
✗ Doesn't watch: ....
Favourite programme: ....

Lis les textes. Copie le tableau. Mets les images dans la bonne colonne.

Read the texts. Copy the grid. Put the pictures in the correct column.

Salut!

Quand je suis connecté, je fais beaucoup de choses.
D'habitude, je fais des recherches pour mes devoirs.
Je trouve ça pratique et intéressant. Quelquefois, je
joue à des jeux en ligne, mais je ne lis pas de blogs.
Je pense que je suis un internaute typique.

Baudouin

Coucou!

Moi, je fais beaucoup de choses quand je suis connectée.
D'habitude, j'envoie des e-mails et je lis des blogs.
Quelquefois, je fais des achats en ligne, je trouve ça génial.
Mais je ne joue pas à des jeux en ligne parce que c'est
ennuyeux. Je n'aime pas ça.

Katy

	d'habitude	quelquefois
Baudouin		
Katy		

a  **b**  **c**  **d**  **e**

Lis le texte. C'est vrai (✓) ou faux (✗)?

Read the text. Is it true or false?

Moi, je regarde beaucoup de films,
mais je ne vais pas au cinéma. Avec
mes copains, on préfère regarder des
DVD à la maison.

Mon acteur préféré, c'est Robert
Pattinson. Je suis mégafan! Il est cool.
Moi, j'adore les films fantastiques. J'ai
une passion pour les vampires! Et en
plus, Robert Pattinson est musicien.

Laëtitia

1 Laëtitia va au cinéma tous les weekends.
2 Elle regarde des DVD avec ses amis.
3 Elle aime beaucoup Robert Pattinson.
4 Laëtitia n'est pas fan de films fantastiques.
5 Elle adore les vampires.
6 Robert Pattinson est magicien.

Écris les phrases.

Write the sentences.

1 Quand … on …

2 Quand … on …

3 Quand … on … ou on …

1 Qu'est-ce qu'on peut faire à Paris? Écris ta recommandation pour chaque célébrité.

What can you do in Paris? Write your recommendation for each celebrity.

Exemple: **1** On peut manger au restaurant.

On peut	aller	à un concert
		au théâtre
	faire	les magasins
		une balade en bateau-mouche
	manger	au restaurant
	visiter	les monuments et les musées

2 Décode les phrases. Puis trouve la bonne image pour chaque phrase.

Exemple: **1** J'aime faire du roller. (d)

| 😊 j'aime | 🙁 je n'aime pas |
| 😊😊 j'adore | 🙁🙁 je déteste |

Code
b = a   c = b   d = c   (etc.)

1 😊 gbjsf ev spmmfs.

2 🙁 gbjsf mft nbhbtjot.

3 😊😊 bmmfs bv djofnb.

4 🙁🙁 bmmfs wpjs eft nbudit ef gnnu.

5 😊 sfuspvwfs nft dpqbjot.

6 🙁 qsfoesf eft qipupt.

3 Lis la publicité. C'est vrai (✓), faux (✗) ou pas mentionné (PM)?

Visitez les égouts de Paris!

93, quai d'Orsay
75007 Paris

Horaires d'ouverture:
Ouvert du samedi au mercredi
Ouvert de 11h00 à 17h00
Fermé jeudi et vendredi

Tarifs d'entrée:
Adultes: 4,30€
Enfants et jeunes
   (de 6 ans à 16 ans): 3,50€

1 The sewers are in a street called quai d'Orsay.
2 You can visit the sewers on Friday.
3 They close at six o'clock in the evening.
4 It would cost your mum or dad 4 euros 30 to go in.
5 It would cost you 3 euros 50 to go in.
6 There is a souvenir shop.

1 Écris une publicité pour une attraction dans ta région. Fais des recherches sur Internet ou invente les informations.

Write an advert for an attraction in your area. Do some research online, or invent the information.

Visitez le château de Leeds!

Maidstone
Kent
ME17 1PL

Horaires d'ouverture:
Ouvert tous les jours
Ouvert de 10h30 à 16h00

2 Copie et complète l'e-mail avec les bons verbes.

Exemple: **1** visité

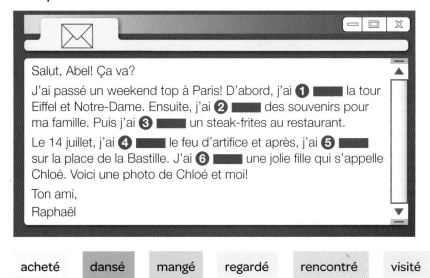

Salut, Abel! Ça va?

J'ai passé un weekend top à Paris! D'abord, j'ai ❶ ▉▉▉ la tour Eiffel et Notre-Dame. Ensuite, j'ai ❷ ▉▉▉ des souvenirs pour ma famille. Puis j'ai ❸ ▉▉▉ un steak-frites au restaurant.

Le 14 juillet, j'ai ❹ ▉▉▉ le feu d'artifice et après, j'ai ❺ ▉▉▉ sur la place de la Bastille. J'ai ❻ ▉▉▉ une jolie fille qui s'appelle Chloé. Voici une photo de Chloé et moi!

Ton ami,
Raphaël

acheté	dansé	mangé	regardé	rencontré	visité

3 Imagine que tu as passé un weekend à Paris. Qu'est-ce que tu as fait? C'était comment? Écris une carte postale.

Exemple:

D'abord, Ensuite, Puis Après, Finalement,	samedi matin/ après-midi/soir,	j'ai	visité ... acheté ... mangé ... envoyé ... rencontré ... regardé ... dansé ...
	dimanche matin/ après-midi/soir,		
C'était	génial/beau/marrant/intéressant. ennuyeux/nul/bizarre.		
Ce n'était pas mal.			

Cher Guillaume, /
Chère Marie,

J'ai passé le weekend à Paris! D'abord, samedi matin, j'ai visité la tour Eiffel. C'était génial! Ensuite, j'ai acheté des souvenirs, puis ...

Guillaume/Marie M

23, rue Louis Paste

3 À toi A — Mon identité

1 Associe les phrases aux dessins.

1 manger au restaurant
2 un tee-shirt bleu
3 des baskets
4 jouer au foot
5 aller au cinéma
6 un jean
7 faire du camping
8 un pantalon beige
9 un short orange
10 faire de la rando
11 une chemise blanche
12 aller à un concert
13 des bottes noires
14 un sweat à capuche noir
15 un pullover bleu

2 Écris les phrases.

Exemple:

1 Ce weekend, je vais <u>jouer au foot</u>, alors, je vais porter <u>un short orange</u> et <u>un tee-shirt bleu</u> avec <u>des baskets</u>.

1 c o h l
2 d m n l
3 e i k j
4 a g m j
5 f h k l
6 b g m j

3 Lis les textes. Copie et remplis le tableau.

	artist	opinion	other details
Quentin			
Guillaume			
Gabrielle			

Moi, j'aime beaucoup la musique de Katy Perry parce que j'adore les paroles et les mélodies.
Guillaume

La musique, c'est ma passion. J'écoute du métal parce que j'adore ça. Je n'aime pas du tout la musique de Lily Allen. À mon avis, c'est nul.
Quentin

Je suis fan de Diam's. J'adore la chanson *Ma France à moi* parce que j'aime bien les paroles. J'aime aussi son look et je pense qu'elle est sympa et intelligente. Je n'aime pas la musique de Michael Bublé. Il est nul. Mais ma sœur adore sa musique. Moi, je n'aime pas les paroles.
Gabrielle

Lis le texte. Mets les titres en anglais dans l'ordre du texte.

Read the text. Put the English titles into the order of the text.

Je m'appelle Mila et j'ai quatorze ans. J'habite à Paris avec ma mère et mon petit frère. Je suis intelligente et je suis très sympa. Je suis assez drôle et je pense que je suis patiente.

Ma meilleure amie s'appelle Chloé. Elle est drôle mais un peu pénible par moments. Elle adore les comédies et elle aime la musique classique.

Quand il fait beau, on va en ville et on fait du shopping parce qu'on adore ça. On rigole! On s'entend bien, en général. On parle de célébrités et de musique, mais on ne parle pas de sport parce que c'est barbant.

Ma chanteuse préférée, c'est Lady Gaga parce qu'elle chante et danse bien. Le weekend dernier, je suis allée à un concert de Lady Gaga. C'était génial.

> **par moments** *at times*

a What Mila's best friend is like

b What Mila does when the weather's nice

c What Mila did last weekend

d What Mila is like

e Where Mila lives

f What Mila talks about with her friend

Copie et remplis la carte d'identité pour Mila.

Prénom: ....
Âge: ....
Habite: ....
Caractère: ....
Meilleure amie: ....
Activité préférée quand il fait beau:
....
Chanteuse préférée: ....

Écris un paragraphe pour Yvan.

Prénom: Yvan ....
Âge: 15 ....
Habite: Rennes ....
Caractère: sympa, intelligent, patient
Meilleur ami: Dimitri, drôle, intelligent
Activité préférée quand il fait beau:
aller au parc, faire du skate
Chanteuse préférée: Beyoncé

1 **Copie les phrases. Écris correctement les mots en désordre.**

Exemple: **1** J'habite dans une petite maison.

1 J'habite dans une petite ismano.
2 Je voudrais habiter dans un vieux taceuhâ.
3 Il habite à la ganenmot.
4 Elle habite au dorb ed al rem.
5 On habite dans un grand pemtraptena.
6 Je voudrais habiter dans une vieille merchuaiè.

2 **Lis le texte. C'est vrai (✓) ou faux (✗)?**

> J'habite dans une petite maison, dans une grande ville à la montagne. C'est une maison de six pièces. Il y a le salon, la cuisine, la salle de bains et trois chambres. Il n'y a pas de salle à manger. Derrière la maison il y a un petit jardin où je joue au basket.
>
> Florian

1 Florian habite dans une petite maison.
2 Il habite au bord de la mer.
3 Chez Florian, il y a sept pièces.
4 Il y a trois chambres dans la maison.
5 Il y a une salle à manger.
6 Il y a un petit jardin devant la maison.

3 **Lis les listes. Qu'est-ce qu'il manque dans chaque panier?**

Read the lists. What's missing from each basket?

A
1 kilo de pommes
6 œufs
1 tablette de chocolat
1 paquet de farine
300 grammes de fromage
un pot de confiture

B
4 tranches de jambon
1 kilo de bananes
250 grammes de fraises
1 litre de lait
4 yaourts
un paquet de chips

4 **Écris une liste de provisions pour ta fête. Utilise un dictionnaire, si nécessaire.**

Write a shopping list for your party. Use a dictionary if necessary.

Exemple:

2 litres de coca
5 paquets de chips

Lis le texte. Copie et complète les phrases en anglais.

> D'habitude, pour le petit déjeuner, je prends du pain avec de la confiture de fraises et un grand bol de chocolat chaud.
>
> Le soir, on mange à huit heures. D'abord, on prend de la soupe et ensuite, on mange du poisson ou des pâtes avec de la salade. Comme dessert, normalement, je prends du yaourt, mais mon dessert préféré, c'est la glace au chocolat.
>
> Tous les samedis soirs, on achète des plats à emporter. C'est délicieux!
>
> Manon

1 For breakfast, Manon usually has ▮▮▮ with ▮▮▮ and ▮▮▮ .
2 She and her family have their evening meal at ▮▮▮ .
3 First of all, they have ▮▮▮ .
4 Then they have ▮▮▮ or ▮▮▮ with ▮▮▮ .
5 Manon's favourite dessert is ▮▮▮ .
6 On Saturday evenings, she and her family have ▮▮▮ .

Lis l'invitation. Puis choisis la bonne image dans chaque phrase.

1 La fête, c'est à **a** 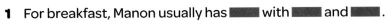 **b** .

2 Sasha va acheter **a**
b  .

3 Il faut apporter **a** 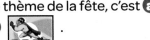 **b** .

4 Le thème de la fête, c'est **a**
b .

5 Comme activité, on va faire **a**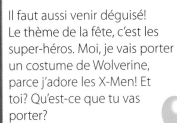
b .

> Tu es invité(e) à ma fête d'anniversaire, samedi soir à sept heures et demie!
>
> Je vais acheter des pizzas à emporter et du coca, mais il faut apporter un ou deux paquets de chips, s'il te plaît. Comme dessert, on va manger un gâteau d'anniversaire. Miam-miam!
>
> Il faut aussi venir déguisé! Le thème de la fête, c'est les super-héros. Moi, je vais porter un costume de Wolverine, parce j'adore les X-Men! Et toi? Qu'est-ce que tu vas porter?
>
> D'abord, on va manger, puis on va faire un karaoké. On va s'amuser! Tu viens?
>
> Sasha

la fête d'anniversaire	*birthday party*
venir déguisé	*to come in fancy dress*

Écris une invitation à ta fête d'anniversaire.

Change the following details in Sasha's invitation:

- Day and time of the party:
- What you are going to buy to eat:
- What people need to bring:
- The theme of the party:
- What costume you are going to wear:
- What activities you are going to do:

samedi? dimanche? après-midi? soir? à ... heures
Je vais acheter ...
Il faut apporter ...
Le thème de la fête, c'est ...
Je vais porter un costume de ...
Comme activités, on va faire/jouer/regarder ...

Décode les conseils et trouve la bonne image. N'oublie pas les accents!

Decode the advice and find the correct picture. Don't forget the accents!

Exemple: **1** Fais plus d'efforts! – f

1 FO♌s pl★s d'◆ff□rts!
2 R◆gOrd◆ lO cOm◆rO!
3 ◆nl◆v◆ t□n bl□★s□n!
4 J◆tt◆ t□n ch◆w♌ng-g★m!
5 ◆t◆♌ns t□n p□rtObl◆!
6 N'□★bl♌◆ pOs tO cOsqu◆tt◆!

Code
a	O
e	◆
i	♌
o	□
u	★

a  **b**   **c**   **d**

e  **f**

Add accents to the vowels that need them. Make sure the accent goes the right way (e.g. **Éteins**, **Enlève**)!

Lis et traduis les excuses bizarres en anglais.

Read and translate the weird excuses into English.

1 Je dois faire du babysitting avec mon éléphant.
2 Je dois aller au supermarché avec Johnny Depp.
3 Je dois danser avec Shrek dans la piscine.
4 Je dois jouer du piano dans la salle de bains.
5 Je dois participer au concours de sandwichs au fromage.

Invente des excuses bizarres. Complète les phrases. Utilise un dictionnaire, si nécessaire.

1 Je dois faire ▇ .
2 Je dois aller ▇ .
3 Je dois jouer ▇ .
4 Je dois ▇ .
5 Je dois ▇ .
6 Je dois ▇ .

1 **Lis le texte. Copie et remplis les fiches d'inscription en anglais.**

Ma famille a beaucoup de talent! D'abord, il y a ma sœur Louise qui a quatorze ans. Elle chante, elle danse et elle joue du saxophone. Un jour, elle veut être chanteuse professionnelle. Puis il y a mon grand frère Yann. Il a seize ans et il joue de la guitare dans un groupe de rock, mais il ne veut pas être musicien professionnel: il veut être professeur de maths! Finalement, il y a mon petit frère Léo. Il a neuf ans et il aime faire de la magie. Un jour, il veut être magicien à la télé.

Name: Louise
Age: 14
Talent(s): singing
Ambition: ....

Name: ....
Age: ....
Talent(s): ....
Ambition: ....

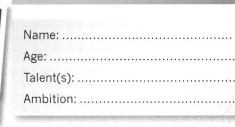

Name: ....
Age: ....
Talent(s): ....
Ambition: ....

2 **Écris un paragraphe sur tes copains Charlotte et Fred.**

Exemple:

> Ma copine Charlotte a treize ans. Elle joue du ... et du ...
>   Un jour, elle veut être ...
>   Mon copain Fred a ... Il ...

Name: Charlotte
Age: 13
Talent(s): piano, violin
Ambition: music teacher

Name: Fred
Age: 15
Talent(s): singing, dancing
Ambition: professional dancer

3 **Copie et complète l'interview de Félix.**

Félix: jeune magicien

Moi, j' **1** ▮▮▮ faire de la magie. Je suis un peu timide, mais je **2** ▮▮▮ avoir confiance en moi. Un jour, je veux **3** ▮▮▮ magicien professionnel. Je voudrais participer à un concours de talents à la télé. Mais d'abord, je vais **4** ▮▮▮ mes études au collège et je vais répéter mes tours de magie tous les soirs. Je ne **5** ▮▮▮ pas répéter chez moi parce que l'appartement est trop petit. Mais je peux **6** ▮▮▮ chez mon copain Karim. Il a un grand garage.

continuer   dois   adore   répéter   être   peux

Verb tables

Regular –er, –ir, –re verbs

Infinitive	Present tense					Perfect tense		
regarder to watch	je	regarde	nous	regardons		j'	ai	regardé
	tu	regardes	vous	regardez				
	il/elle/on	regarde	ils/elles	regardent				
finir to finish	je	finis	nous	finissons		j'	ai	fini
	tu	finis	vous	finissez				
	il/elle/on	finit	ils/elles	finissent				
vendre to sell	je	vends	nous	vendons		j'	ai	vendu
	tu	vends	vous	vendez				
	il/elle/on	vend	ils/elles	vendent				

Key irregular verbs

Infinitive	Present tense				Perfect tense		
aller to go	je	vais	nous	allons	je	suis	allé(e)
	tu	vas	vous	allez			
	il/elle/on	va	ils/elles	vont			
avoir to have	j'	ai	nous	avons	j'	ai	eu
	tu	as	vous	avez			
	il/elle/on	a	ils/elles	ont			
boire to drink	je	bois	nous	buvons	j'	ai	bu
	tu	bois	vous	buvez			
	il/elle/on	boit	ils/elles	boivent			
être to be	je	suis	nous	sommes	j'	ai	été
	tu	es	vous	êtes			
	il/elle/on	est	ils/elles	sont			
faire to do/make	je	fais	nous	faisons	j'	ai	fait
	tu	fais	vous	faites			
	il/elle/on	fait	ils/elles	font			

Present tense of reflexive verbs

Infinitive	Present tense						
se doucher to shower	je	me	douche	nous	nous	douchons	
	tu	te	douches	vous	vous	douchez	
	il/elle/on	se	douche	ils/elles	se	douchent	

More irregular verbs

Infinitive	Present tense				Perfect tense		
dire to say	je tu il/elle/on	**dis** **dis** **dit**	nous vous ils/elles	**disons** **dites** **disent**	j'	ai	dit
écrire to write	j' tu il/elle/on	**écris** **écris** **écrit**	nous vous ils/elles	**écrivons** **écrivez** **écrivent**	j'	ai	écrit
lire to read	je tu il/elle/on	**lis** **lis** **lit**	nous vous ils/elles	**lisons** **lisez** **lisent**	j'	ai	lu
partir to leave	je tu il/elle/on	**pars** **pars** **part**	nous vous ils/elles	**partons** **partez** **partent**	je	suis	parti(e)
prendre to take	je tu il/elle/on	**prends** **prends** **prend**	nous vous ils/elles	**prenons** **prenez** **prennent**	j'	ai	pris
sortir to go out	je tu il/elle/on	**sors** **sors** **sort**	nous vous ils/elles	**sortons** **sortez** **sortent**	je	suis	sorti(e)
venir to come	je tu il/elle/on	**viens** **viens** **vient**	nous vous ils/elles	**venons** **venez** **viennent**	je	suis	venu(e)
voir to see	je tu il/elle/on	**vois** **vois** **voit**	nous vous ils/elles	**voyons** **voyez** **voient**	j'	ai	vu

Present tense of modal verbs

Modal verbs are irregular, so you will need to learn them.

Infinitive	Present tense			
devoir to have to /'must'	je tu il/elle/on	**dois** **dois** **doit**	nous vous ils/elles	**devons** **devez** **doivent**
pouvoir to be able to/'can'	je tu il/elle/on	**peux** **peux** **peut**	nous vous ils/elles	**pouvons** **pouvez** **peuvent**
vouloir to want to	je tu il/elle/on	**veux** **veux** **veut**	nous vous ils/elles	**voulons** **voulez** **veulent**

Stratégies

Stratégie 1

Look, say, cover, write, check
Use the five steps below to learn how to spell any word.

1 **LOOK** Look carefully at the word for at least 10 seconds.
2 **SAY** Say the word to yourself or out loud to practise pronunciation.
3 **COVER** Cover up the word when you feel you have learned it.
4 **WRITE** Write the word from memory.
5 **CHECK** Check your word against the original. Did you get it right? If not, what did you get wrong? Spend time learning that bit of the word. Go through the steps again until you get it right.

Stratégie 2

Cognates and not quite cognates!
A cognate is spelt the same in English as in French. Most of the time they mean exactly the same too, for example:

pizza → pizza

In French there are also lots of words that look similar to English words but are not identical. Often these words have exactly the same meaning as the English (but not always!).

How many of these words can you find on the *Vocabulaire* pages of *Studio 2 Vert*? Here's one to get you started:

musique → music

You'll also find some words that are the same or similar to English words but have different meanings. These words are called *faux amis*, and you can find out more about them in the *Stratégie* on page 65.

So use your knowledge of English to help you work out the meanings of French words, but be careful. There are some that can trip you up.

Stratégie 3

Words that won't go away!
When you learn French some words come up again and again. No matter what you're talking about they're there all the time. These are 'high-frequency words'. Because they occur so often they are extremely important. You need to know what they mean.

The *Vocabulaire* pages at the end of each module all contain a selection of high-frequency words, but there are lots more. Look through the words on the *Vocabulaire* pages and see how many more you can find. Write down what they mean in English. Here are a couple to start you off:

je   très

Stratégie 4

Mnemonics
One way of remembering new words is to invent a mnemonic: a rhyme or saying that sticks easily in the mind. Here's an example for the word ***magasins***, but it's best to make up your own – you'll find them easier to remember/harder to forget.

My **A**unt **G**ets **A**lligator **S**hoes **I**n **N**ormal **S**hops
You can't learn every word like this – it would take ages! But it's a great way of learning those words that just don't seem to stick.

Stratégie 5

Letter and sound patterns
Just as in English, many French words contain the same letter patterns. Recognising these patterns will help you to spell and say more words correctly. You have practised some of these throughout *Studio*. One way of remembering them is to write lists of words with identical letter patterns. Add to them as you come across more. Here are some from *Studio 2 Vert* to start you off:

amus**ant**   travaill**eur**   **ent**rée
barb**ant**   dans**eur**   tal**ent**

Mini-dictionnaire

Using your Mini-dictionnaire

The French-English word lists on the following pages appear in three columns:

- The first column lists the French words in alphabetical order.
- The second column tells you what part of speech the word is (e.g. verb, noun, etc.) in abbreviated form.
- The third column gives the English translation of the word in the first column.

Here is a key to the abbreviations in the second column:

adj	adjective
adv	adverb
conj	conjunction
exclam	exclamation

n (pl)	plural noun
nf	feminine noun
nm	masculine noun
npr	proper noun
pp	past participle
prep	preposition
pron	pronoun
v	verb

The names for the parts of speech given here are those you are most likely to find in a normal dictionary. In *Studio* we use different terms for two of these parts of speech. These are:

conjunction = connective

adverb = intensifier

A

d'abord	adv	first (of all)
d'accord	adv	OK, agreed
accueil	nm	welcome; reception
achats	nm (pl)	shopping
acheter	v	to buy
acteur / actrice	nm / nf	actor / actress
action	nf	action
activité	nf	activity
admirer	v	to admire
adorer	v	to love
adulte	nm / nf	adult
Afrique	nf	Africa
âge	nm	age
aider	v	to help
aimer	v	to like
ajouter	v	to add
album	nm	album
aller	v	to go
alors	adv	so, therefore
alouette	nf	skylark
ambitieux(-euse)	adj	ambitious
ambition	nf	ambition
américain(e)	adj	American
Amérique	nf	America
ami	nm	friend (boy)
amie	nf	friend (girl)
amusant(e)	adj	fun
s'amuser	v	to have fun
an	nm	year
anglais(e)	adj	English
Angleterre	nf	England
animal	nm	animal
année	nf	year
anniversaire	nm	birthday
antenne	nf	aerial
août	nm	August
appart(ement)	nm	flat
s'appeler	v	to be called
apporter	v	to bring
apprendre	v	to learn
après	adv	after
après-midi	nm	afternoon
argent	nm	money
armoire	nf	wardrobe
arrogant(e)	adj	arrogant
arroser	v	to water
artiste	nm / nf	artist
arts martiaux	nm (pl)	martial arts

Asie	nf	Asia	beurk!	exclam	yuck!
assez	adv	quite; enough	beurre	nm	butter
attention	nf	attention, care	bien	adv	good, well
attitude	nf	attitude	bientôt	adv	soon
audition	nf	audition	billet	nm	ticket
aujourd'hui	adv	today	bisou	nm	kiss
aussi	adv	as well	bizarre	adj	weird
auteur	nm	author	blanc(he)	adj	white
avec	prep	with	bleu(e)	adj	blue
aventure	nf	adventure	blouson	nm	jacket
avenue	nf	avenue	bœuf	nm	beef
avis	nm	opinion	boire	v	to drink
avoir	v	to have	bol	nm	bowl
avril	nm	April	bombe	nf	spray can
			bon(ne)	adj	good

B

babyfoot	nm	table football	bonhomme	nm	little man
babysitting	nm	babysitting	bottes	nf (pl)	boots
baguette	nf	French stick, baguette	bouche	nf	mouth
			boulangerie	nf	bakery
bal	nm	dance, ball	boutique	nf	shop
balade	nf	trip, walk	bowling	nm	bowling
balcon	nm	balcony	branché(e)	adj	trendy
ballon	nm	ball	bravo!	exclam	well done!
banane	nf	banana	Bretagne	nf	Brittany
bande	nf	group	brioche	nf	sweet bun, brioche
bande dessinée (BD)	nf	comic book			
banlieue	nf	suburbs	bureau	nm	desk; office
barbant(e)	adj	boring			

C

barbe	nf	beard	cadeau	nm	present
basket	nm	basketball	café	nm	coffee; café
baskets	nf (pl)	trainers	cafétéria	nf	cafeteria
bateau	nm	boat	camarade	nm / nf	school friend
bateau-mouche	nm	river boat	caméra	nf	video camera
beau / belle	adj	good-looking, beautiful; fine	campagne	nf	country(side)
			camping	nm	camping; campsite
beaucoup (de)	adv	a lot (of)			
beige	adj	beige	canapé	nm	settee, sofa, couch
Belgique	nf	Belgium			
belle-mère	nf	stepmother	capitale	nf	capital

Mini-dictionnaire

capuche	*nf*	hood
car	*conj*	because
car	*nm*	coach
caractère	*nm*	character
carnaval	*nm*	carnival
carte	*nf*	card; map
carte d'identité	*nf*	identity card
carte postale	*nf*	postcard
cascade	*nf*	waterfall
case	*nf*	hut, cabin
casquette	*nf*	cap
catacombes	*nf (pl)*	catacombs
cathédrale	*nf*	cathedral
cauchemar	*nm*	nightmare
célèbre	*adj*	famous
célébrité	*nf*	celebrity
centre de loisirs	*nm*	leisure centre
céréales	*nf (pl)*	cereal
chaise	*nf*	chair
chambre	*nf*	bedroom
chance	*nf*	luck
changer	*v*	to change
chanson	*nf*	song
chanter	*v*	to sing
chanteur / chanteuse	*nm / nf*	singer
chapeau	*nm*	hat
chaque	*adj*	each
char	*nm*	float (in parade)
chasse	*nf*	hunting
chat	*nm*	cat
château	*nm*	castle
chaud(e)	*adj*	hot
chaumière	*nf*	cottage
chaussures	*nf (pl)*	shoes
chef	*nm*	chef
chemise	*nf*	shirt
cher(-ère)	*adj*	expensive; dear
cheveux	*nm (pl)*	hair
chewing-gum	*nm*	chewing gum

chez (moi)	*prep*	at (my) house
chips	*nf (pl)*	crisps
chocolat	*nm*	chocolate
chocolat chaud	*nm*	hot chocolate
chocolaterie	*nf*	chocolate factory
choisir	*v*	to choose
chose	*nf*	thing
choucroute	*nf*	sauerkraut (cabbage-based dish)
chouette	*adj*	great, cool
cidre	*nm*	cider
cigogne	*nf*	stork
cinéma	*nm*	cinema
classe	*nf*	class
classer	*v*	to classify
classique	*adj*	classical
climat	*nm*	climate
coca	*nm*	cola
cœur	*nm*	heart
se coiffer	*v*	to do your hair
colle	*nf*	glue
collège	*nm*	secondary school
coller	*v*	to stick
colonne	*nf*	column
combien	*adv*	how much, how many
comédie	*nf*	comedy
comme	*adv*	as, like
commencer	*v*	to start
commentaire	*nm*	comment, message
compétition	*nf*	competition
compléter	*v*	to complete
concert	*nm*	concert
concours	*nm*	competition, contest
confiance	*nf*	confidence
confiture	*nf*	jam
connaître	*v*	to know

Mini-dictionnaire

connecté(e)	adj	connected	début	nm	start, beginning
se connecter	v	to connect	décembre	nm	December
conseil	nm	advice	découper	v	to cut out
continent	nm	continent	décrire	v	to describe
continuer	v	to continue	défilé	nm	parade, procession
contre	prep	against			
conversation	nf	conversation	déguisé(e)	adj	in fancy dress
cool	adj	cool	déjeuner	nm	lunch
copain	nm	friend (boy)	délicieux(-euse)	adj	delicious
copier	v	to copy	demain	adv	tomorrow
copine	nf	friend (girl)	déménager	v	to move house
coquetier	nm	egg cup	demi(e)	adj	half
coquille	nf	shell	départ	nm	departure
correctement	adv	correctly	dernier(-ère)	adj	last, latest
corriger	v	to correct	derrière	prep	behind
à côté de	prep	next to	désert	nm	desert
coton	nm	cotton (wool)	désertique	adj	desert
cours	nm	lesson	désordre	nm	jumble, mess
coûter	v	to cost	dessert	nm	dessert
cravate	nf	tie	dessin animé	nm	cartoon
création	nf	creation	dessiner	v	to design, to draw
créature	nf	creature	détermination	nf	determination
crème	nf	cream	détester	v	to hate
crêpe	nf	pancake	devant	prep	in front of
crêperie	nf	pancake restaurant	devenir	v	to become
			deviner	v	to guess
cresson	nm	cress	devoir	v	to have to; to owe
crevette	nf	prawn	devoirs	nm (pl)	homework
croissant	nm	croissant	dialogue	nm	dialogue
croix	nf	cross	différent(e)	adj	different
cruel(le)	adj	cruel	dimanche	nm	Sunday
cuire	v	to cook	dîner	v	to have dinner
cuisine	nf	kitchen; cooking	dîner	nm	dinner
culture	nf	culture	discothèque	nf	disco
			discuter	v	to discuss
D			distance	nf	distance
daim	nm	suede	documentaire	nm	documentary
dans	prep	in	domicile	nm	home
danser	v	to dance	dommage	nm	shame, pity
danseur / danseuse	nm / nf	dancer			

Mini-dictionnaire

donner	v	to give
doucement	adv	softly, quietly
douche	nf	shower
doux / douce	adj	quiet, soft
douzaine	nf	dozen
dragon	nm	dragon
drôle	adj	funny
dur(e)	adj	hard
DVD	nm	DVD

E

eau	nf	water
échecs	nm (pl)	chess
école	nf	school
écouter	v	to listen
écran	nm	screen
écrire	v	to write
effets spéciaux	nm (pl)	special effects
effort	nm	effort
église	nf	church
égoïste	adj	selfish
égout	nm	sewer
elfe	nm	elf
elle	pron	she
embarrassant(e)	adj	embarrassing
émission	nf	programme, show
emporter	v	to take (away)
enfant	nm	child
engrais	nm	fertiliser
enlever	v	to take off, to remove
ennuyeux(-euse)	adj	boring
enregistrer	v	to record
ensemble	adv	together
ensuite	adv	then, next
s'entendre	v	to get on
enthousiaste	adj	enthusiastic
entre	prep	between

entrée	nf	entrance, admission; starter
environ	adv	about
envoyer	v	to send
épouvante	adj	horror (story, film)
équipe	nf	team
équitation	nf	horse-riding
erreur	nf	error
escargot	nm	snail
Espagne	nf	Spain
est	nm	east
et	conj	and
étape	nf	stage
États-Unis	nm (pl)	United States
été	nm	summer
éteindre	v	to switch off
étoile	nf	star
être	v	to be
étude	nf	study
étudier	v	to study
Europe	nf	Europe
événement	nm	event
exception	nf	exception
exemple	nm	example
exister	v	to exist
exposé	nm	talk, presentation
expression	nf	expression

F

en face de	prep	opposite
faire	v	to do, to make
faire la fête	v	to party
famille	nf	family
fan	nm / nf	fan
fantastique	adj	fantasy, fantastic
farine	nf	flour
faux(-sse)	adj	false; off-key
fenêtre	nf	window
ferme	nf	farm

Mini-dictionnaire

fermé(e)	adj	closed	généreux(-euse)	adj	generous
fermer	v	to close, to shut	génial(e)	adj	great
fertile	adj	fertile	genre	nm	type, kind
fête	nf	festival, fair, party	gentil(le)	adj	nice, kind
feu d'artifice	nm	firework (display)	géographie	nf	geography
février	nm	February	glace	nf	ice-cream
fille	nf	girl	glacial(e)	adj	icy
fin	nf	end	gobelin	nm	goblin
finalement	adv	finally	goûter	nm	party tea
fleur	nf	flower	graine	nf	seed
fleuve	nm	river	grand(e)	adj	big
fois	nf	time	gratuit(e)	adj	free
fondre	v	to melt	gris(e)	adj	grey
foot(ball)	nm	football	grotte	nf	cave
forêt	nf	forest	groupe	nm	group
fort(e)	adj	loud; strong; very good	guerre	nf	war
			guitare	nf	guitar
forteresse	nf	fortress	guitariste	nm / nf	guitar player
frais(-aîche)	adj	cool, fresh			
fraise	nf	strawberry			

H

français(e)	adj	French	s'habiller	v	to get dressed
francophone	adj	French-speaking	habiter	v	to live
fréquence	nf	frequency	d'habitude	adv	usually
frère	nm	brother	heure	nf	hour; o'clock; time
frigo	nm	fridge	hier	adv	yesterday
frites	nf (pl)	chips	histoire	nf	history; story
froid(e)	adj	cold	hiver	nm	winter
fromage	nm	cheese	homme	nm	man
fruit	nm	fruit	horaire	nf	time; timetable
			horreur	nf	horror

G

			hôtel –	nm	hotel
gagnant	nm	winner	humide	adj	damp, wet
gagner	v	to win	hypercool	adj	really cool
galette	nf	(savoury) pancake			

I

garage	nm	garage	idole	nf	idol
garçon	nm	boy	il	pron	he
gare	nf	train station	île	nf	island
gâteau	nm	cake	image	nf	picture, image
en général	adv	in general	imaginaire	adj	imaginary

Mini-dictionnaire

impoli(e)	adj	impolite, rude
important(e)	adj	important
indice	nm	clue
indien(ne)	adj	Indian
info(rmation)s	nf (pl)	news, information; details
intelligent(e)	adj	intelligent
intéressant(e)	adj	interesting
intérieur	nm	inside
international(e)	adj	international
internaute	nm	internet user
interview	nf	interview
inviter	v	to invite

J

jaloux(-ouse)	adj	jealous
jambon	nm	ham
janvier	nm	January
jardin	nm	garden
jaune	adj	yellow
je	pron	I
jean	nm	jeans
jeter	v	to throw (away)
jeu	nm	game
jeu télévisé	nm	game show
jeudi	nm	Thursday
jeune	adj	young
joli(e)	adj	pretty
jouer	v	to play
jour	nm	day
jour férié	nm	bank holiday
journaliste	nm / nf	journalist
journée	nf	day
juge	nm	judge
juger	v	to judge
juillet	nm	July
juin	nm	June
jungle	nf	jungle
jupe	nf	skirt

jus	nm	juice
juste	adj	fair; in tune

L

là	adv	there
lac	nm	lake
lagune	nf	lagoon
lait	nm	milk
lavabo	nm	wash basin
léger(-ère)	adj	light
légumes	nm (pl)	vegetables
lettre	nf	letter
Liban	nm	Lebanon
liberté	nf	freedom
en ligne	nf	online
limonade	nf	lemonade
lire	v	to read
liste	nf	list
lit	nm	bed
livre	nm	book
loisir	nm	leisure
long(ue)	adj	long
loterie	nf	lottery
lundi	nm	Monday
lunettes	nf (pl)	glasses

M

mâcher	v	to chew
machine à laver	nf	washing machine
madame	nf	madam, Mrs
magasin	nm	shop
magazine	nm	magazine
magicien / magicienne	nm / nf	magician
magie	nf	magic
magique	adj	magical
mai	nm	May
maillot	nm	shirt, top
maintenant	adv	now
mais	conj	but
maison	nf	house

Mini-dictionnaire

mal	adv	bad, badly
malgache	adj	Madagascan
manger	v	to eat
manteau	nm	coat
(se) maquiller	v	to put on make-up
marais	nm	swamp
marché	nm	market
mardi	nm	Tuesday
mariage	nm	wedding; marriage
marine	adj	navy
marrant(e)	adj	funny, a laugh
marron	adj	brown
mars	nm	March
masque	nm	mask
match	nm	match
matin	nm	morning
mauvais(e)	adj	bad
méchant(e)	adj	nasty
médecin	nm	doctor
médecine	nf	medicine
meilleur(e)	adj	best
mélanger	v	to mix
mélodie	nf	tune
mémoire	nf	memory
mentionner	v	to mention
mer	nf	sea
merci	exclam	thank you
mercredi	nm	Wednesday
mère	nf	mother
mettre	v	to put (on)
midi	nm	midday
militaire	adj	military
minuscule	adj	minuscule, tiny
mode	nf	fashion
moderne	adj	modern
moi	pron	myself / me
moment	nm	moment
monde	nm	world
montagne	nf	mountain
monument	nm	monument
mot	nm	word
mouche	nf	fly
moulin	nm	windmill
mousse	nf	mousse
mousson	nf	monsoon
mouton	nm	sheep; mutton
musée	nm	museum
musicien / musicienne	nm / nf	musician
musique	nf	music

N

nager	v	to swim
natation	nf	swimming
national(e)	adj	national
né(e)	pp	born
nécessaire	adj	necessary
neiger	v	to snow
nez	nm	nose
Noël	nm	Christmas
noir(e)	adj	black
nom	nm	name
nord	nm	north
normalement	adv	normally
noter	v	to note
nouveau(-elle)	adj	new
novembre	nm	November
nuit	nf	night
nul(le)	adj	rubbish
numéro	nm	number

O

océan	nm	ocean
octobre	nm	October
œuf	nm	egg
omelette	nf	omelette
opéra	nm	opera
opinion	nf	opinion
or	nm	gold

Mini-dictionnaire

orange	adj	orange (colour)
orange	nf	orange (fruit)
orchestre	nm	orchestra
ordi(nateur)	nm	computer
ordre	nm	order
ou	conj	or
où	adv	where
ouah!	exclam	wow!
oublier	v	to forget
ouest	nm	west
ouvert(e)	adj	open
ouverture	nf	opening

P

pagaille	nf	mess
page perso	nf	home page
paillettes	nf (pl)	glitter; sequins
pain	nm	bread
palais	nm	palace
pantalon	nm	trousers
panthère	nf	panther
papier	nm	paper
paquet	nm	packet
paragraphe	nm	paragraph
parc	nm	park
parc d'attractions	nm	theme park
parce que	conj	because
pardon	exclam	sorry; excuse me
parent	nm	parent
paresseux(-euse)	adj	lazy
parisien(ne)	adj	Parisian
parler	v	to talk, to speak
paroles	nf (pl)	words
partager	v	to share
participant	nm	participant
participer	v	to take part
partir	v	to leave
partout	adv	everywhere
passer	v	to spend (time)

se passer	v	to take place, to happen
passetemps	nm	pastime
passion	nf	passion, hobby
passionnant(e)	adj	exciting
pâtes	nf (pl)	pasta
patient(e)	adj	patient
patinoire	nf	ice rink
pauvre	adj	poor
pays	nm	country
paysage	nm	landscape
paysan / paysanne	nm / nf	peasant
pêcheur	nm	fisherman
pendant	prep	during, for
pénible	adj	annoying
penser	v	to think
père	nm	father
personnage	nm	character
petit(e)	adj	small
petit déj(euner)	nm	breakfast
peu	nm	bit
photo	nf	photo
photographie	nf	photography
phrase	nf	sentence
piano	nm	piano
pièce	nf	room
pingouin	nm	penguin
pirate	nm	pirate
piscine	nf	swimming pool
pizza	nf	pizza
place	nf	space
plage	nf	beach
plaine	nf	prairie
planète	nf	planet
plante	nf	plant
plat	nm	dish
pleuvoir	v	to rain
plume	nf	feather
plus	adv	more

Mini-dictionnaire

plus de	adv	more than		quand	adv	when
poisson	nm	fish		quel(le)	adj	what, which
polaire	adj	polar		quelquefois	adv	sometimes
policier(-ère)	adj	police		question	nf	question
pomme	nf	apple		qui	pron	who
porc	nm	pork		quiz	nm	quiz
portable	nm	mobile phone		quoi	pron	what
porter	v	to wear; to carry				

R

poster	v	to post		ragoût	nm	stew
pot	nm	pot		rando(nnée)	nf	hike, long walk
poulet	nm	chicken		ranger	v	to tidy
pour	prep	for		rater	v	to miss
pourquoi	adv	why		réalité	nf	reality
pousse	nf	seedling		recherche	nf	research
pousser	v	to grow		recommander	v	to recommend
pouvoir	v	to be able to		recouvrir	v	to cover
pratique	adj	practical		regarder	v	to watch
préféré(e)	adj	favourite		région	nf	region
préférer	v	to prefer		remplir	v	to fill in
prendre	v	to take		rencontrer	v	to meet
prénom	nm	first name		répéter	v	to rehearse; to repeat
préparer	v	to prepare				
se préparer	v	to get ready		répondre	v	to reply
près	adv	near		réponse	nf	answer
prestidigitation	nf	magic		restaurant	nm	restaurant
princesse	nf	princess		retrouver	v	to meet (up with)
printemps	nm	spring		révolution	nf	revolution
prix	nm	prize		revue	nf	review
prochain(e)	adj	next		riche	adj	rich
profession	nf	profession		rien	pron	nothing
professionnel(le)	adj	professional		rigoler	v	to have a laugh
promenade	nf	walk		rivière	nf	river
provisions	nf (pl)	food shopping		riz	nm	rice
publicité	nf	advert		roi	nm	king
puis	adv	then, next		roller	nm	rollerblading
pull	nm	jumper		roman	nm	novel
pyramide	nf	pyramid		rose	adj	pink
				rouge	adj	red

Q

qualifications	nf (pl)	qualifications		rue	nf	street, road

Mini-dictionnaire

S

saison	nf	season
salade	nf	salad
salle	nf	room
salle à manger	nf	dining room
salle de bains	nf	bathroom
salon	nm	living room
samedi	nm	Saturday
sandwich	nm	sandwich
sauce	nf	sauce
sauf	prep	except
saxophone	nm	saxophone
scénario	nm	script
science-fiction	nf	science fiction
scolaire	adj	school
sec / sèche	adj	dry
secret	nm	secret
section	nf	section
segway	nm	segway
semaine	nf	week
semer	v	to sow
sens	nm	meaning
septembre	nm	September
série	nf	series
sévère	adj	strict
shopping	nm	shopping
short	nm	shorts
si	conj	if
sincère	adj	sincere
site	nm	website
skate	nm	skateboarding
soie	nf	silk
soir	nm	evening
soirée	nf	evening
sol	nm	ground
sondage	nm	survey
sorte	nf	sort, type, kind
sortir	v	to go out
sœur	nf	sister

souligner	v	to underline
soupe	nf	soup
sous	prep	under
souvenir	nm	souvenir
souvent	adv	often
spectacle	nm	show
sport	nm	sport
sportif(-ve)	adj	sporty
squelette	nm	skeleton
stade	nm	stadium
steak-frites	nm	steak and chips
stupide	adj	stupid
succès	nm	success
sucre	nm	sugar
sud	nm	south
Suisse	nf	Switzerland
sujet	nm	subject
super!	exclam	super!
super-héros	nm	superhero
supermarché	nm	supermarket
supporteur	nm	supporter
sur	prep	on
surface	nf	surface
surfer	v	to surf
surtout	adv	especially
surveiller	v	to watch; to keep an eye on
sweat	nm	sweatshirt
sweat à capuche	nm	hoodie
symbole	nm	symbol
sympa(thique)	adj	nice
Syrie	nf	Syria

T

table	nf	table
tableau	nm	painting, picture; table, grid
tablette (de chocolat)	nf	bar (of chocolate)
talent	nm	talent
talentueux(-euse)	adj	talented

Mini-dictionnaire

tard	adv	late
tarif	nm	rate, price
tartine	nf	slice of bread and butter
tchatter	v	to chat
tee-shirt	nm	T-shirt
télé satellite	nf	satellite TV
télécharger	v	to download
télé-réalité	nf	reality TV
télé(vision)	nf	TV
tempéré(e)	adj	temperate
temps	nm	time; weather
tennis	nm	tennis
terrasse	nf	terrace
terre	nf	earth, ground
texte	nm	text
thé	nm	tea
théâtre	nm	theatre
thème	nm	theme
ticket	nm	ticket
timide	adj	shy
toilettes	nf (pl)	toilet(s)
tomate	nf	tomato
tonnerre	nm	thunder
toundra	nf	tundra
tour	nf	tower
tour	nm	tour
touriste	nm / nf	tourist
touristique	adj	touristy, for tourists
tournée	nf	tour (for a show, band)
tous les jours	adv	every day
tous les soirs	adv	every evening
tout(e)	adj	all, every
tout le temps	adv	all the time
traditionnel(le)	adj	traditional
tranche	nf	slice
travailleur(-euse)	adj	hard-working

très	adv	very
triste	adj	sad
trop	adv	too
tropical(e)	adj	tropical
trouver	v	to find
se trouver	v	to be found
truc	nm	thing
tu	pron	you
Tunisie	nf	Tunisia
tunisien(ne)	adj	Tunisian
tunnel	nm	tunnel
typique	adj	typical

U

utiliser	v	to use

V

vacances	nf (pl)	holidays
vacances scolaires	nf (pl)	school holidays
vampire	nm	vampire
vaniteux(-euse)	adj	vain
vedette	nf	(TV, film, music) star
végétarien(ne)	adj	vegetarian
vélo	nm	bicycle
vendredi	nm	Friday
venir	v	to come
verbe	nm	verb
vérifier	v	to check
vert(e)	adj	green
vert kaki	adj	khaki
veste	nf	jacket
vêtements	nm (pl)	clothes
viande	nf	meat
victoire	nf	victory
vide	adj	empty
vie	nf	life
village	nm	village
ville	nf	town
violon	nm	violin

Mini-dictionnaire

visage	nm	face
visiter	v	to visit
voir	v	to see
voix	nf	voice
volcan	nm	volcano
volley	nm	volleyball
voyager	v	to travel
vrai(e)	adj	real; true
vraiment	adv	really
VTT	nm	mountain biking

Y

yaourt	nm	yoghurt
yeux	nm (pl)	eyes

Instructions

À deux/quatre.	*In twos/fours.*
Associe (les phrases aux photos/les mots français aux mots anglais).	*Match (the sentences to the photos/the French words to the English words).*
C'est quel (film/livre)?	*Which (film/book) is it?*
C'est vrai ou faux?	*Is it true or false?*
C'est qui?	*Who is it?*
Change (les mots) soulignés.	*Change (the words) which are underlined.*
Chante la chanson.	*Sing the song.*
Choisis (la bonne réponse/la bonne lettre/la bonne image).	*Choose (the correct answer/the correct letter/the correct picture).*
Classe (les opinions).	*Categorise (the opinions).*
Commente (la prononciation/le paragraphe) de ton/ta camarade.	*Comment on your partner's (pronunciation/paragraph).*
Complète (les conversations/les phrases/le texte).	*Complete (the conversations/the phrases/the text).*
Copie (le bon mot/le tableau/les phrases).	*Copy (the correct word/the grid/the phrases).*
Corrige (l'erreur/les erreurs).	*Correct (the mistake/the mistakes).*
Décris (tes préférences/ta visite/ton appartement).	*Describe (your preferences/your visit/your flat).*
Décode (les phrases/les conseils).	*Decode (the phrases/the advice).*
Devine ...	*Guess ...*
Dis les phrases à tour de rôle.	*Take turns to say the sentences.*
Discute (tes réponses) avec ton/ta camarade.	*Discuss (your answers) with your partner.*
Donne (trois excuses).	*Give (three excuses).*
Écoute (la conversation/le reportage/le commentaire/les opinions).	*Listen to (the conversation/the report/the comments/the opinions).*
Écoute à nouveau.	*Listen again.*
Écris (le bon prénom/des phrases complètes/un paragraphe).	*Write (the correct name/complete phrases/a paragraph).*
Écris correctement les mots en désordre.	*Write the jumbled words correctly.*
En tandem.	*In pairs.*
En secret.	*In secret.*
Fais (des dialogues/une liste/des recherches/un sondage).	*Do/Make (dialogues/a list/some research/a survey).*
Fais correspondre (les vêtements et les images).	*Match (the clothes and the pictures).*
Il s'agit de quoi?	*What's it about?*
Imagine ...	*Imagine ...*
Invente (les informations/des excuses bizarres).	*Invent (the information/some weird excuses).*
Jeu de mémoire.	*Memory game.*
Joue (au morpion) avec ton/ta camarade.	*Play (noughts and crosses) with your partner.*
Lis (le texte/la publicité/les indices/la chanson) à voix haute.	*Read (the text/the advert/the clues/the song) out loud.*
Mets (les étapes/les images/les photos) dans le bon ordre.	*Put (the stages/the pictures/the photos) in the correct order.*
Mime ...	*Mime ...*
Note (les opinions/les lettres/les bons numéros).	*Note (the opinions/the letters/the correct numbers).*
Pose (des questions).	*Ask (questions).*
Prépare (un exposé/un projet).	*Prepare (a presentation/a project).*
Présente-toi.	*Introduce yourself.*
Quel(s) ...?/Quelle(s) ... ?	*Which ... ?*
Qu'est-ce que/qu' ...?	*What ...?*
Qui ...?	*Who ...?*
Regarde (la carte/les images/les textes).	*Look at (the map/the pictures/the texts).*
Relis (le texte/la page web).	*Reread (the text/the web page).*
Remplis (la fiche/le tableau/la carte d'identité).	*Fill in (the form/the grid/the identity card).*
Répète.	*Repeat.*
Réponds (aux questions).	*Answer (the questions).*
Termine (les phrases).	*Finish (the sentences).*
Traduis (tes phrases) en anglais.	*Translate (your phrases) into English.*
Trouve (la fin de chaque phrase/le bon titre /l'équivalent).	*Find (the ending of each phrase/the correct title/the equivalent).*
Utilise (les images/le texte comme modèle/un dictionnaire).	*Use (the pictures/the text as a model/a dictionary).*
Vérifie (tes réponses).	*Check (your answers).*